学んでおきたい！
グラウンド・ゴルフ
上達編

朝井正教　著
Asai Masanori

はじめに

グラウンド・ゴルフは、ゲームを楽しむという考え方からスタートしましたが、近年、プレーするからには、上達したいと思う人が増加してきました。生涯スポーツは、順位を競うものでなく「自己の向上へ向けて努力し、自己を高め続ける」ことが最も大切なことです。人間は、「上達したい」「自己を高めたい、向上したい」「さらに学びを深めたい」と思うことは当然なことであり、この実践が、生涯学習（生涯スポーツを含む）の目指す方向なのです。「何回かショットする中で自分が納得できるショットができ、ホールポストにボールを寄せることができた！」、このように練習の成果が1回でも出れば、満足感が得られ幸せな気持ちになれるものです。

そのようなことから、自己の向上を目指して上達するには、「学習（基本を学び練習する）を継続する」ことが大切なのです。

具体的には、次の方法で練習を実践していくことが重要です。それは、「基本を知り」→「練習を実践」→「大会参加や仲間とプレー！」→「課題の明確化」→「課題解決へ向けて練習」することです。これを繰り返し粘り強く継続的に行うことが、理想的なショットやパットを身につける実践的な練習方法なのです。

そのために、技術上達の基本を知り、ショットやパット練習は技術のチェックをしながら、自分に合った技術の定着を目指して行います。大会や仲間とのプレー時は、ホールポストを目指して打つことに気持ちが行き、「クラブの振り幅」「スタンス（足幅）」「クラブの軌道」など、あまり意識せずにプレーしているのが現実だと思います。

理想的なショットやパットを身につけるには、スタンスの広さとクラブの振り幅、インパクトの強さ（ボールとクラブの当たる瞬間の強さ）が非常に大きく関連してきます。

これらのことを意識しながら練習し、プレーすることが、安定したスコアーを出すために非常に大きなポイントになります。「これくらいの距離を打つにはクラブの振り幅はどの程度にするのか」「スタンスの幅はどれくらいがよいのか」など、技術をチェックし繰り返し練習することにより、安定したショット、パットの技術を身につけることができます。大会等で優勝することだけを目指すのではなく、自分自身の向上を目指してプレーや練習を行うことが最も大切なのです。

本書は、グラウンド・ゴルフを上達させるための技術や練習方法について、写真を多用してわかりやすく解説しました。多くのグラウンド・ゴルフ愛好者のお役に立つことができれば幸いです。

そして、グラウンド・ゴルフを楽しまれている方が、生涯にわたって自己の向上を目指して学びを継続され、グラウンド・ゴルフが充実した日々の生活を送るための一助となりますことを心から願うものです。

※本書は、グラウンド・ゴルフが上達したいと思っておられる愛好者の方へ技術・練習方法・イメージトレーニングなどについて解説したアドバイスブックです。ルール、Q&Aについては、公益社団法人日本グラウンド・ゴルフ協会発行の「グラウンド・ゴルフルールブック」が最新となることを申し添えます。

2014年6月　朝井正教

本書の内容に関するお問い合わせは、著者：朝井宛てに郵送かFAXでお願いします。　朝井正教
〒682−0702　鳥取県東伯郡湯梨浜町橋津111番地　FAX　0858（35）3935

Contents 目次

学んでおきたい！ グラウンド・ゴルフ 上達編

はじめに…2

第1章 これがグラウンド・ゴルフ上達の秘訣

1 上達の基本はグリップにある！…10

2 上達の第一歩はグリップの握り方…11

[1] それぞれのグリップのメリットとデメリット…11

[2] これが正しいグリップの握り方…18

[3] おすすめはインターロッキング・グリップ…22

[4] グリップのバランス調整方法…24

[5] グリップの使い方とグリップ位置…26

3 狙った方向へ正しく打つショット、パット…30

[1] クラブフェイス（打球面）の方向が重要…31

[2] クラブフェイスの軌道をマスターする…32

[3] 狙った方向へ正しく打つショット…36

[4] 狙った方向へ正しく打つパット…38

4 距離を打ち分ける技術を身につける…40

[1] 目標とする距離、50～30m…42

[2] 目標とする距離、25～15m…44

[3] ホールポスト近くのパット…46

Ground Golf MEMO >>> 技術に対応力をプラスして…50

第2章　理想的なショット、パットの秘訣を考えよう

1　グラウンド・ゴルフの技術にもさまざまな考え方がある…52
2　「スパッ」と振り下ろすのが理想的なショット…54
3　正確なアドレス（構え方）が理想的なパットになる…56
4　振り幅、インパクトの強さで距離を打ち分ける…58
Ground Golf MEMO >>> 成果をあせらず繰り返す…60

第3章　理想的なショット、パットの実践的練習法——プレー技術を磨く

1　自分を認識することが上達の条件…62
[1] 動画で撮った映像を活用して自分の姿を知る…62
[2] 勝敗は結果としてついてくるもの…64
2　初心者の方や基本から練習したい方の練習法…65
[1] 第1段階の練習…66　[2] 第2段階の練習…68　[3] 第3段階の練習…70
[4] 第4段階の練習…72　[5] モデル的な練習方法…74
3　レベルの高い練習にチャレンジ…76
[1] 3パターンのテークバックでボールの転び距離を確認…78
[2] 長距離ショット（50ｍ程度の距離）から始める…80

[3] 50m、30m、15mの距離を打ち分ける…81
[4] 難易度の高いパットの練習…82
[5] モデル的な練習方法（参考）…84
【練習に関するアドバイス】…86

第4章 スコアーアップのための鉄則

1 基本を知り、それを意識して繰り返す…88
2 コースの攻め方をイメージする…89
[1] 第1打目のショットをイメージする…90
[2] 第2打目でホールイン「トマリ」を確実にするイメージ…92
3 第1打目のミスショットを減らす…94
[1] ダフリをなくすには…96
[2] 大切なのはダフったあとの考え方…98
[3] インパクトが正しければミスが減る…98
[4] インパクト後のフォローアップを正確な軌道に…100
4 第2打目がスコアーアップの鍵…102
[1] ホールポストまでの残りの距離をつかむ…102
[2] ショットかパットかの判断を冷静に…104
[3] 第1打目がスコアーアップの最大の山…105
Ground Golf MEMO >>> なぜ「トマリ」？…108

第5章 「寄せの達人」になろう

1 「寄せの達人」のためには基礎的な考え方が必須…１１０
2 寄せの技術を身につけるためには…１１２
[1] 距離を打ち分ける技術の定着方法…１１２
[2] 寄せの技術を上達させる練習法…１１７
[3] 1打に集中しよう…１２０
Ground Golf MEMO >>> 他のスポーツから学ぶ…１２２

第6章 技術上達のためのさまざまな知識

1 さまざまなコースに対応する…１２４
[1] 土、芝のコースへの対応…１２４
[2] コースの傾斜や起伏への対応…１２６
2 用具の選び方…１３０
[1] クラブの選び方…１３１
[2] ボールの選び方…１３４
3 事前の準備ができていれば余裕が持てる…１３５
[1] アドバイス…１３７
4 マナーやルールを守るプレーヤーは魅力的…１３８
5 自分のプレーをチェックし上達に活用…１４０

デザイン　1108GRAPHICS　　写真　馬場高志　　モデル　須藤萌
撮影協力　四季の湯温泉　ホテルヘリテージ
編集協力　プロランド

第1章

これがグラウンド・ゴルフ上達の秘訣

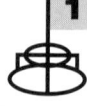

1

上達の基本はグリップにある！

グラウンド・ゴルフのショット、パットの上達の基本は、グリップにあるといっても過言でないでしょう。なぜならば、体とクラブが一体となるのはグリップだからです。

普段、あまり気にせずに握っているクラブのグリップの仕方。これが意外と重要で、グラウンド・ゴルフの技術上達のための大きなポイントの1つであることは間違いありません。

それでは、どのようなグリップが自分にしっくりきて、ボールを正確に打ててコントロールしやすいのでしょうか。グリップの基本やさまざまなグリップのメリットとデメリットを知り、実際にボールを打って自分に合うグリップを見つけてみましょう。

2 上達の第一歩はグリップの握り方

グリップで大切なのは、ボールを打つ瞬間にヘッドがずれないことです。ボールとクラブヘッドが直角に当たる瞬間（インパクト）に、グリップが滑ったり動いたりしないようクラブを握ること、そして、体とクラブに一体感があるかどうかが大切になってきます。

それでは、グリップについてわかりやすく説明しましょう。

1 それぞれのグリップのメリットとデメリット

グリップには、一般的に次のような握り方があります。「ベースボール型グリップ」「ホッケー型グリップ」「オーバーラッピング・グリップ」「インターロッキング・グリップ」が代表的なグリップです。

1 ベースボール型グリップ

グラウンド・ゴルフでは一般的なグリップで、多くのプレーヤーがこのグリップを用いています。野球やソフトボールなどの心得のある方などは、自然とこのグリップでプレーをしておられると思います。

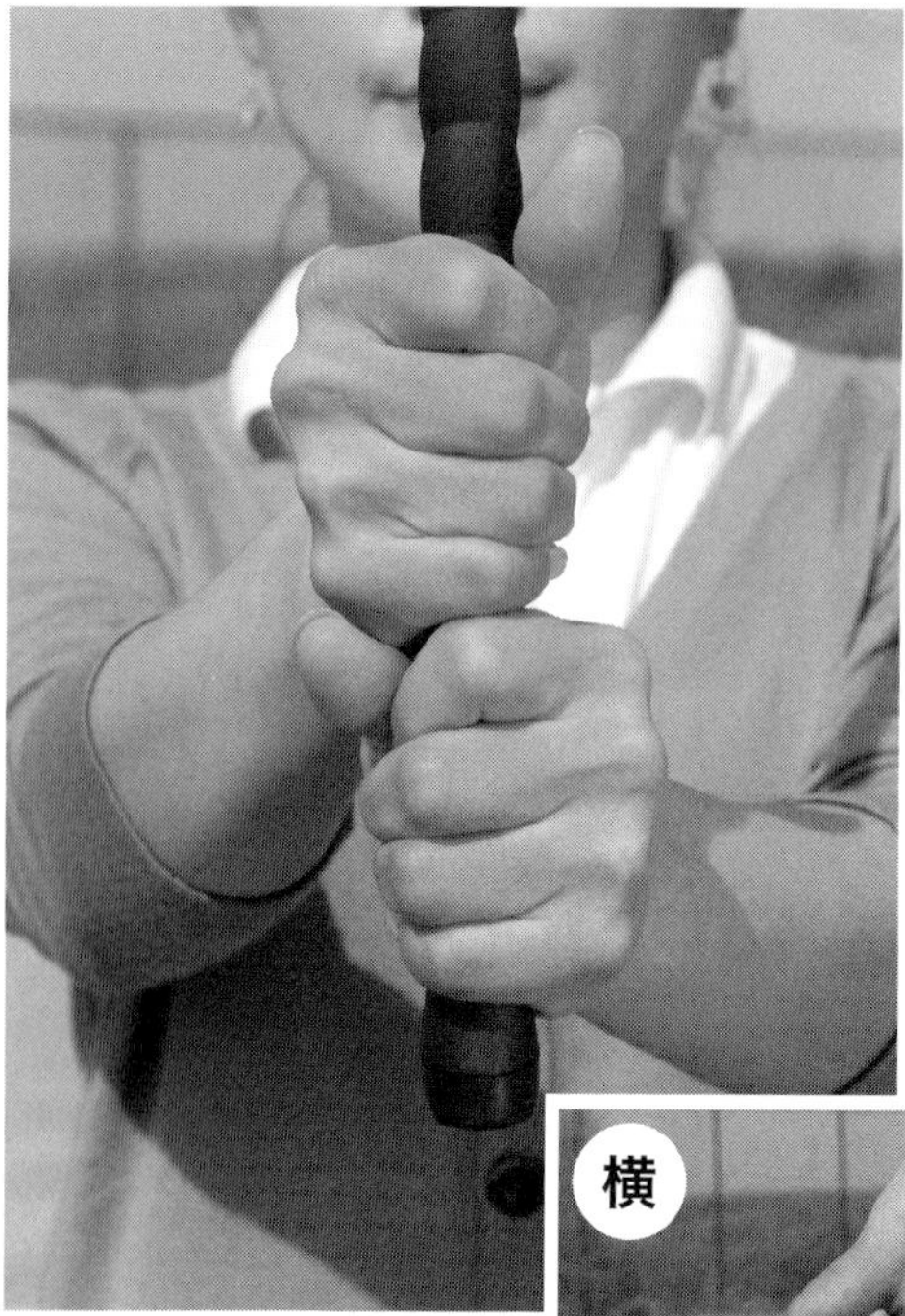

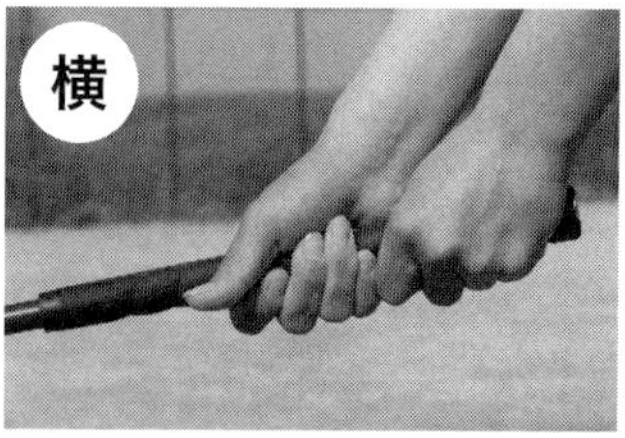

【メリット】
- 野球やソフトボール経験者でなくとも、誰でもなじみやすいグリップです。
- 自然に握りやすく、始めたその日から、転び距離を出すことができるグリップです。
- 複雑な技術が必要なく、誰でも簡単に習得できるグリップです。

【デメリット】
- 利き腕の力が強く働きすぎるため、ヘッドが左右どちらか一方に偏る傾向が強いグリップです。
- 例えば、右利きの場合は、右腕が勝ちすぎて手首が左側に早く返るため、ボールとクラブが当たる瞬間にホールポストに向かって左側に力が強く働き、ボールが左側にそれる確率が高くなります。

NG

手首が早く返ってしまう

ベースボール型グリップの場合は、どうしても利き腕が強く働いてしまう。そのために手首が早く返ってしまって、クラブヘッドをボールの飛球方向に向けたまま保っていられなくなり、思い描いた方向に飛んでくれないことになる。自然に握りやすく習得しやすいグリップだけれども、手首が早く返ってしまうのはNG！

2 ホッケー型グリップ

ホッケー型グリップは、左右の握りに間隔をとるグリップです。クラブの細かいコントロールがしやすいとのことから、ホールポスト近くで使用されているグリップです。

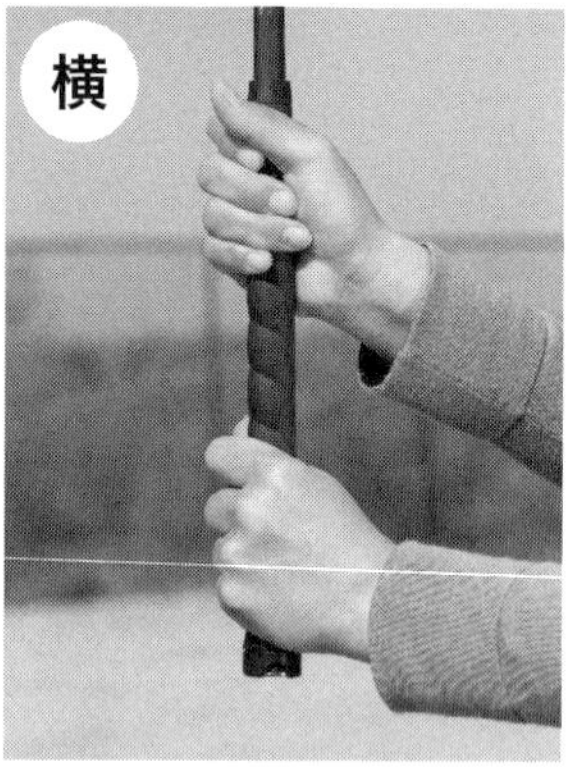

【メリット】
・パットなど弱く打つときに、クラブのコントロールがしやすいグリップです。

【デメリット】
・強くボールをヒットするには不向きなので、長い距離を打ちにくいグリップです。
・左右の手の力の配分を均等にできないため、中長距離ショットには向いていません。

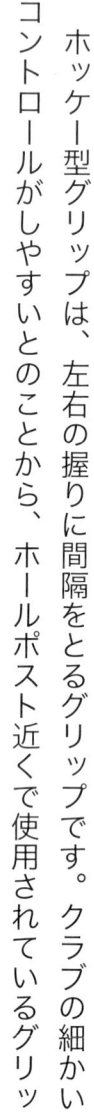

❸ オーバーラッピング・グリップ

オーバーラッピング・グリップは、ベースボール型グリップに近いグリップですが、右打ちの方は、左手の前方を被せるように握るグリップです。左右の握りのバランスがとりやすく、グリップの固定化にも適した握り方です。

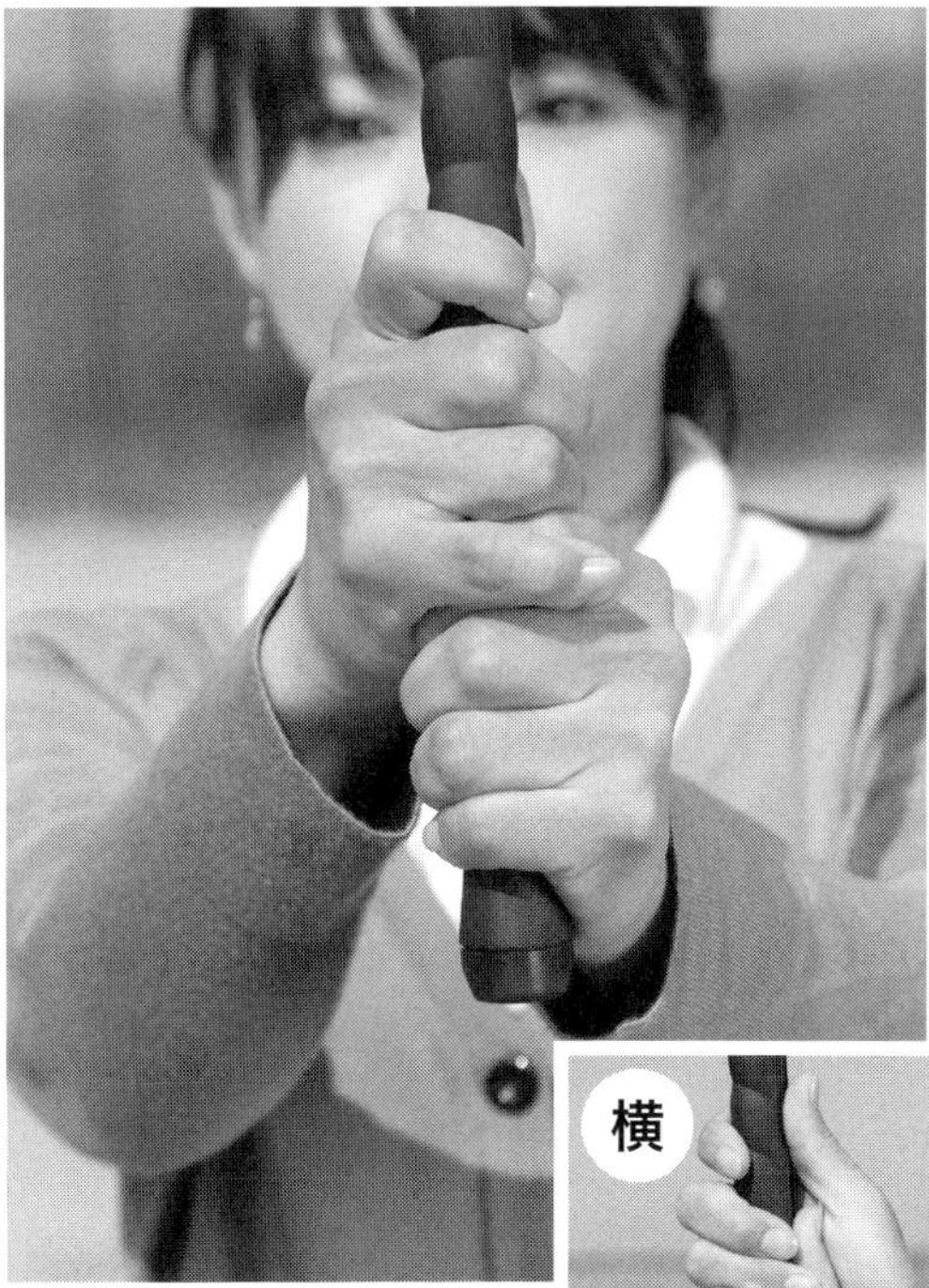

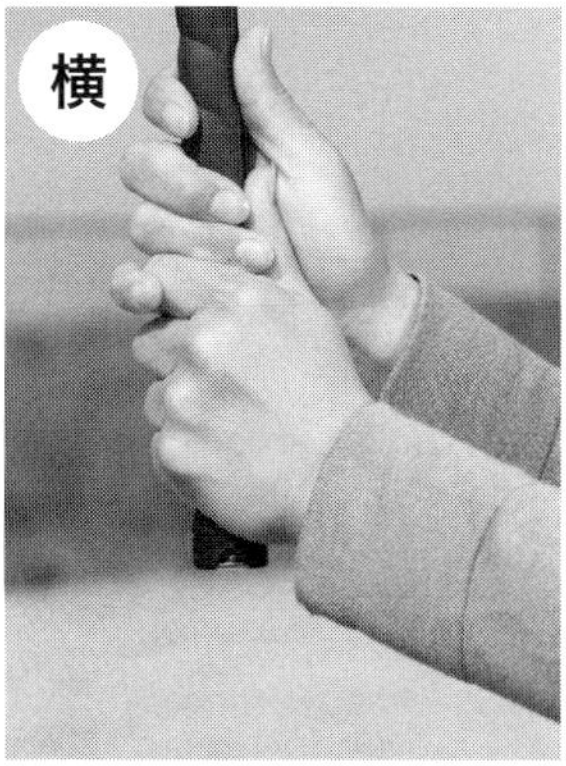

【メリット】
- ベースボール型グリップに似ていて、簡単に習得できるグリップです。
- ベースボール型グリップより、グリップにかかる力のバランスがとれて覚えやすいグリップです。

【デメリット】
- 簡単にできるグリップですが、普段の生活にない握り方で、慣れるまでにやや時間と練習が必要です。

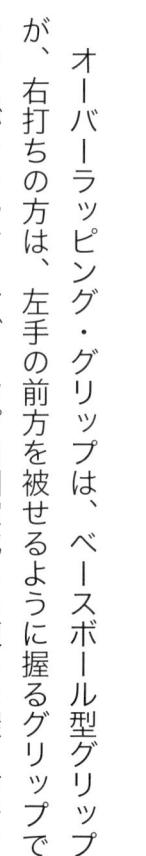

4 インターロッキング・グリップ

インターロッキング・グリップは、オーバーラッピング・グリップに近いグリップですが、右打ちの方は、左手の人差し指と右手小指を絡めるようにして握るグリップです。左右の握りの力のバランスがとりやすいばかりか、グリップを固定させるのに適した握りです。

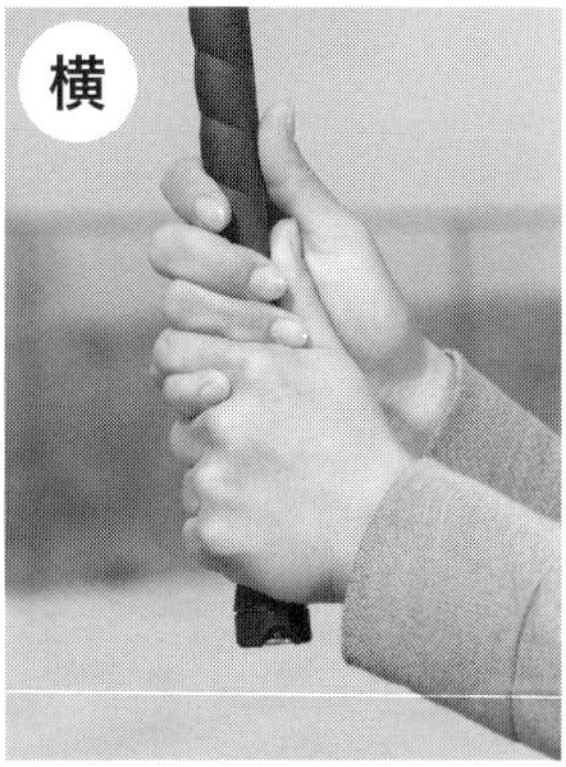

【メリット】
・例えば、右利きの方だとどうしても右手の力が勝ちすぎてしまうのですが、このグリップは左右の手が一体化したグリップで、力のバランスがとれているので、バランスのいいショットを打つのに最適です。

【デメリット】
・やや覚えにくいグリップですので、握りの練習をする必要があります。
・慣れて自分のものにするのに時間と練習が必要です。

インターロッキング・グリップの握り方

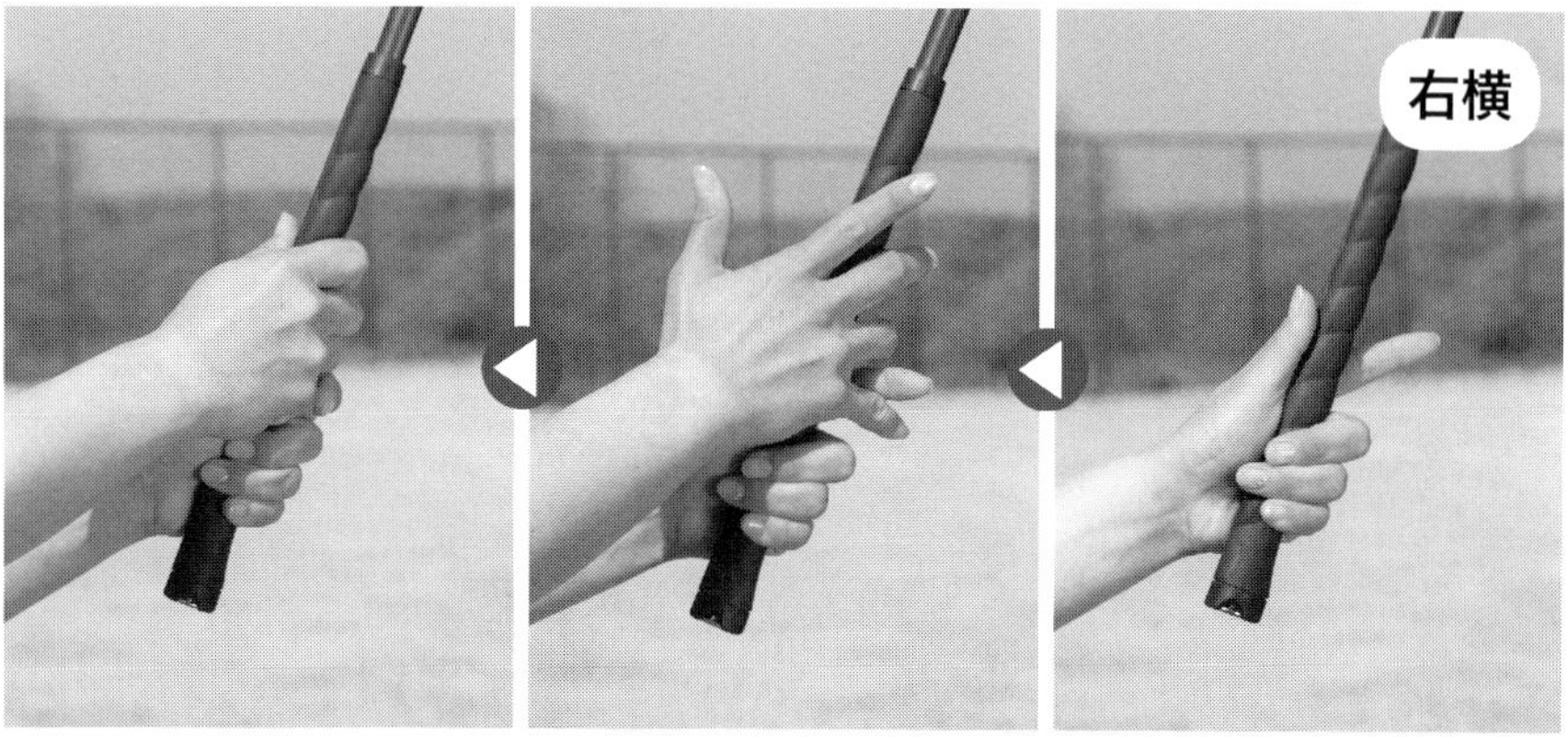

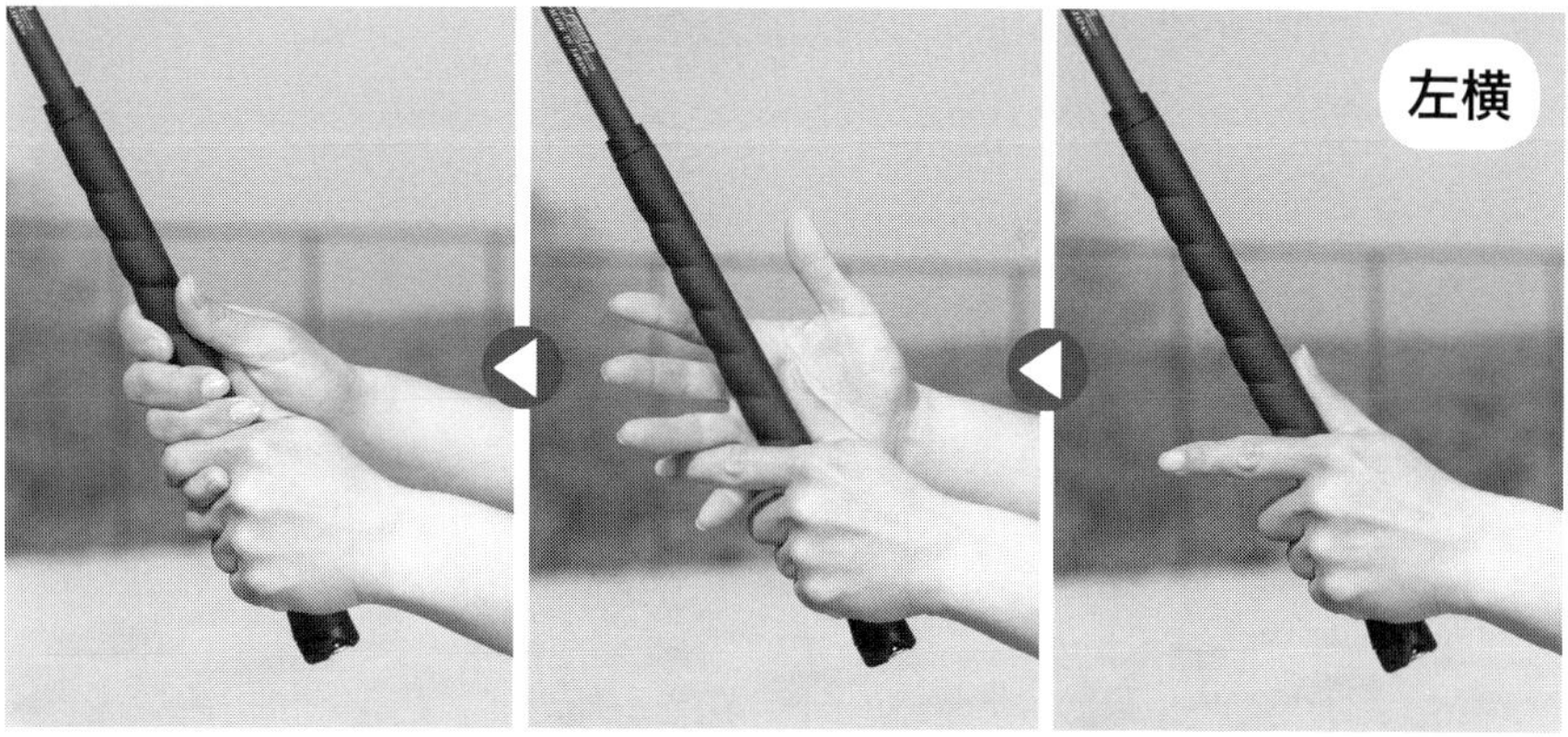

グリップエンドに左手をセットする。薬指、小指で握る感じがいい。左手人差し指と右手小指を絡め、右手は上から握るようにする。右手親指、人差し指を中心にセットして、親指が正面を指すようにするといい。自分の手になじむようにすることで、ボールコントロールがしやすくなり、プレーを一層楽しむことができる

2 これが正しいグリップの握り方

1 正しいグリップで手とクラブを一体化させる

ショットの場合、グリップで大切なのは、両手になじんだ握り方をすることです。具体的には、構えたときには、親指と人差し指は軽く握り、残りの指でしっかりとグリップを握り固定させます。

次に、自然とバックスイング、ダウンスイングと移行するにしたがって、親指と人差し指もグリップを締めるようにし、インパクトの瞬間にギュッとグリップを締めます。

パットの場合のグリップで大切なのは、中指、薬指、小指で強すぎないように固定し、親指と人差し指は気持ちだけ少し弱めに握ります。ボールを打つ瞬間は、グリップを固定した状態で両腕、両手がクラブと一体となるように心がけて、柔らかくヒットします。

グリップの固定の仕方

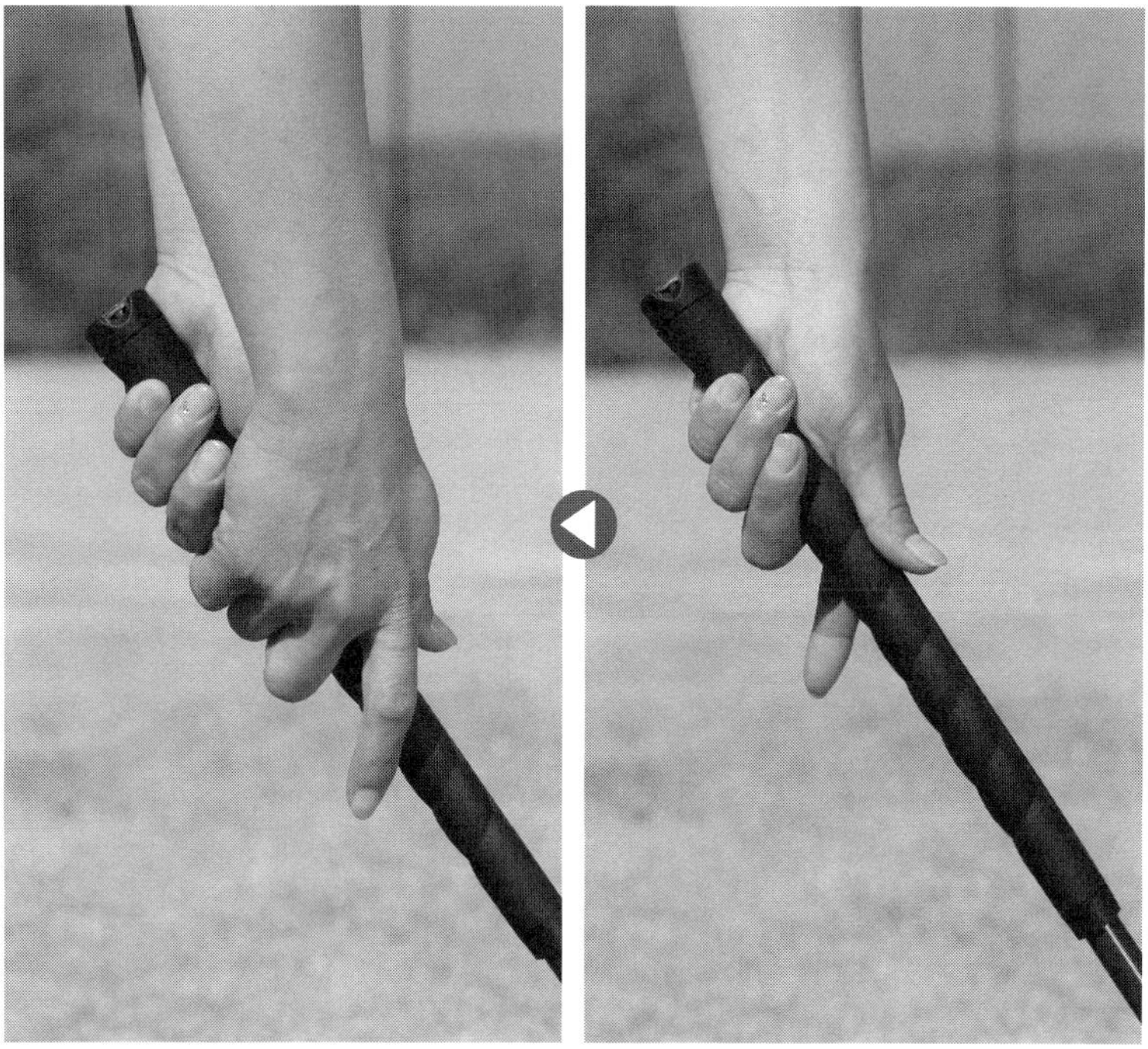

強すぎない、弱すぎない握り方がいい。ほどよいゆるみのある握り方を身につけることが大事。クラブを強く握りすぎると、クラブヘッドの動きをコントロールできなくなり、まっすぐなフェイス面を保つことができなくなる。ボールを思ったとおりのラインで飛ばすためには、ほどよいグリップの固定が不可欠！

2 グリップは手の広い面積で握る

どのグリップでも、写真のようにできるだけ手のひらを広く使い握るようにします。なぜならば広い面積で握ることにより、ボールの重さに負けない強いショットができるばかりか、クラブコントロールが正確になるからです。

また、例えば右利きの方であれば、クラブを握ったときに左手の甲が狙った方向を向くようにします。そうすることによって、スイングがスムーズになり、ボールの転び距離が出やすくなります。

狙った方向へ左手の甲でリードするような気持ちでショットやパットをすると、正確にボールがとらえられ、狙った方向へ打つことができるのです。

幅広く握り左手の甲を狙った方向へ

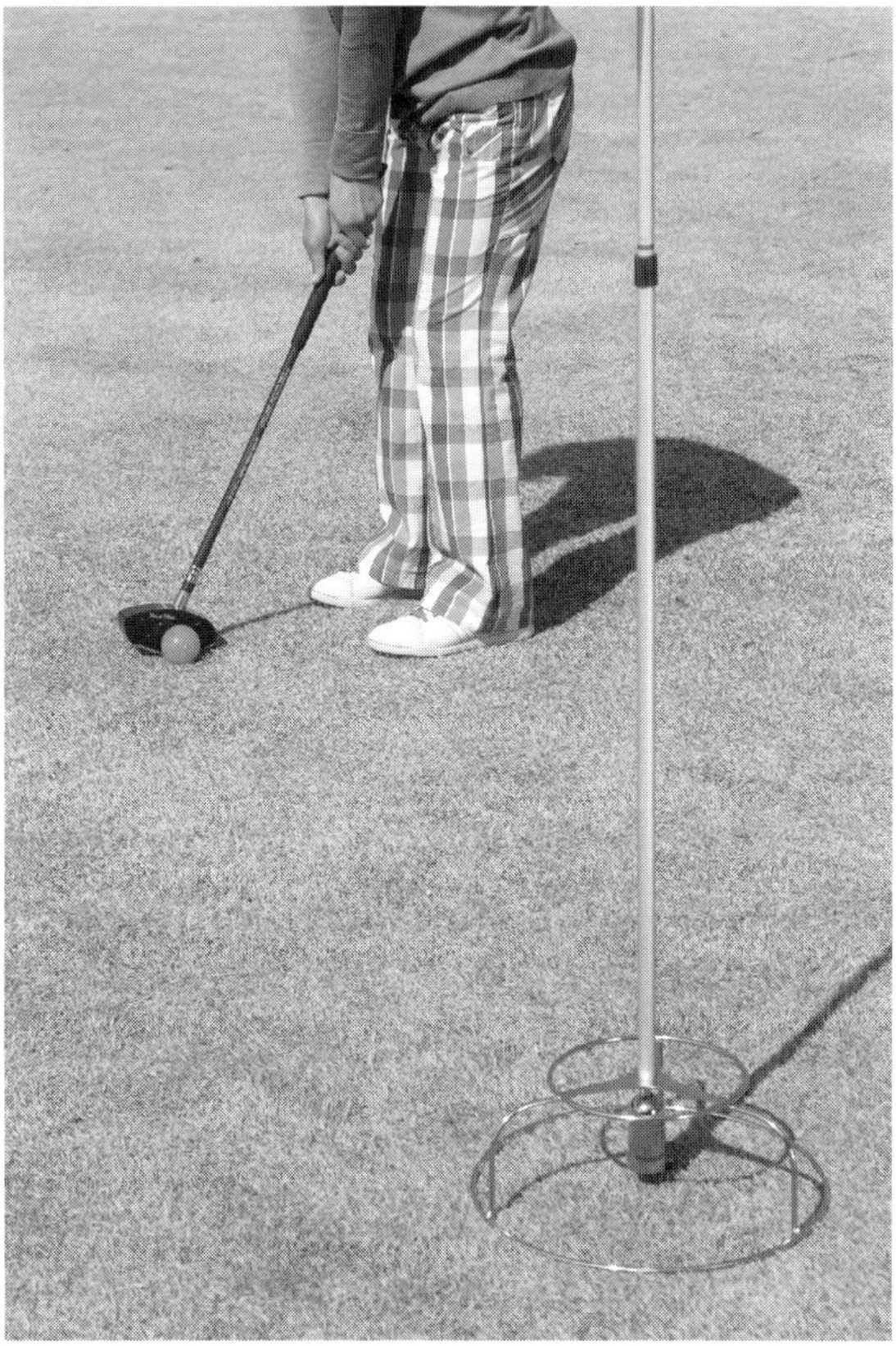

ボールを狙った方向へ正確に打つためには、左手の甲が方向指示器の役割を果たす。左手の甲を打つ方向に向け、その甲のリードでショットやパットをすることで、狙った方向に確実に打てるようになる

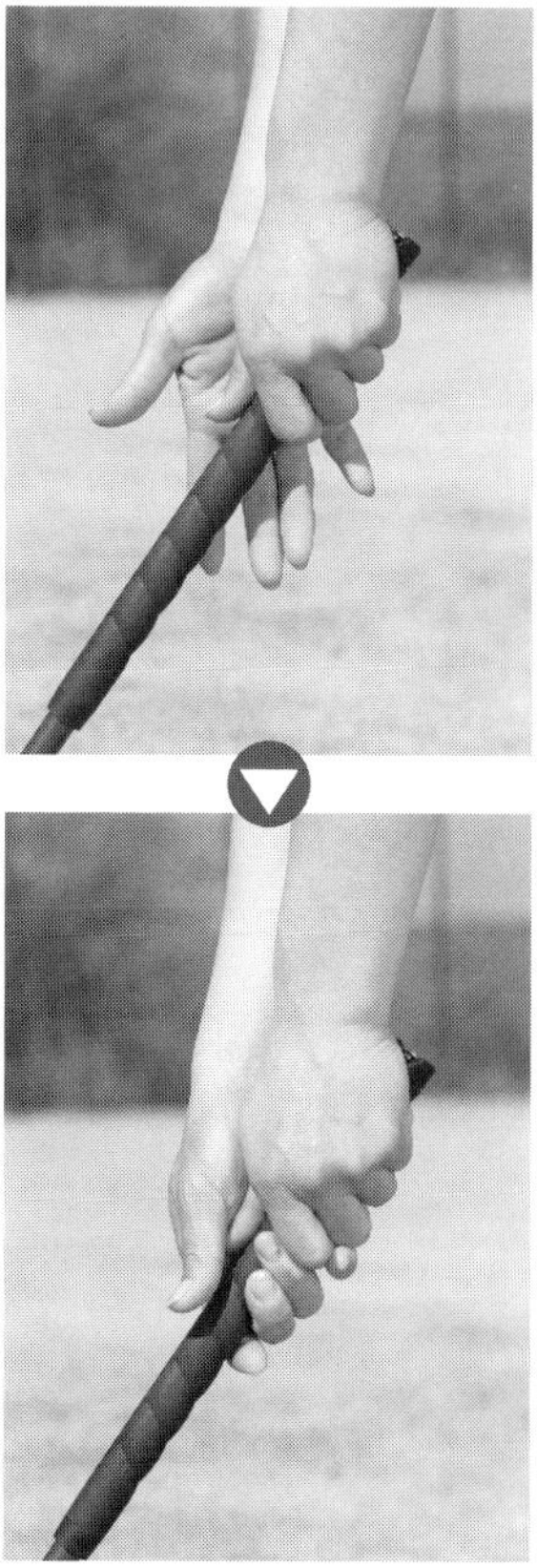

グラウンド・ゴルフは、重さが約 95g あるボールを正確に打たなければならない。ボールの重さに負けないために、手のひらをできるだけ広く使おう

3 おすすめはインターロッキング・グリップ

私は、インターロッキング・グリップをおすすめしたいと思っています。その理由は、ボールの重さに負けないグリップだからです。

グラウンド・ゴルフの場合は、95g近い重さのボールが多く、グリップがゆるんでいると、インパクトの瞬間にボールの重さに負けて、ヘッドとボールの当たる角度がずれるため、自分が狙っている方向へ打つことができなくなるのです。

グリップをしっかり固定する必要があるという理由から、私のおすすめのグリップは「インターロッキング・グリップ」なのです。

インターロッキング・グリップは、両手とグリップを一体化した握り方ですから、グリップをしっかりと固定することができるのです。複雑な握りに見えるため、はじめはやや抵抗感があるとは思いますが、慣れれば実は簡単なグリップです。

インターロッキング・グリップの利点

インターロッキング・グリップの利点は、①両手とグリップを一体化できる、②ボールの重さに負けないグリップで、芯に当たる確率が高い。この２点は、重たいボールを狙ったところへ正確に打っていくグラウンド・ゴルフというスポーツにとって、非常に重要なポイントだ。なかなか芯に当たらない、インパクトの瞬間にグリップがゆるんでしまうといった悩みを抱えている方におすすめしたい

4 グリップのバランス調整方法

どんなグリップでも、利き手が勝ってしまうケースが多くなります。インターロッキング・グリップの場合、このことへの対処法として、右利きならグリップを握ったときの右手親指で、打つ方向が調整できます。

右手親指を、シャフトと同じ方向に握った位置から左側にずらしながら、狙った方向へまっすぐ打てるように、自分に合ったグリップのバランス調整をします。

この方法は、他のグリップにも適用できます。

親指の使い方でバランス調整

左斜め

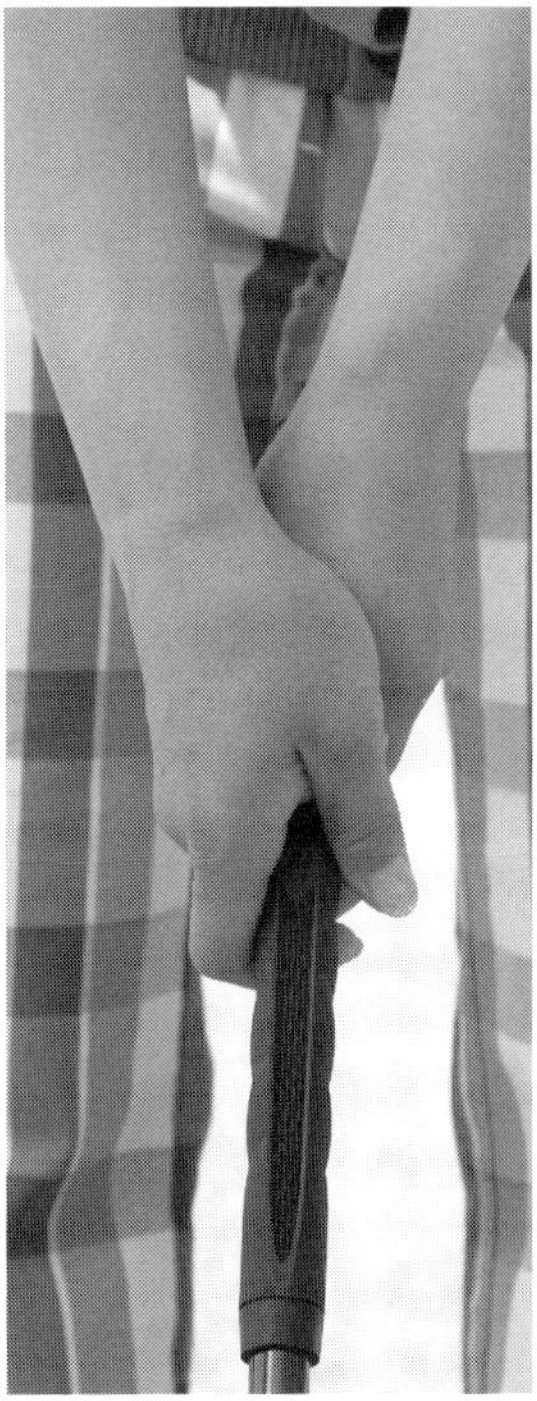

やや左斜め

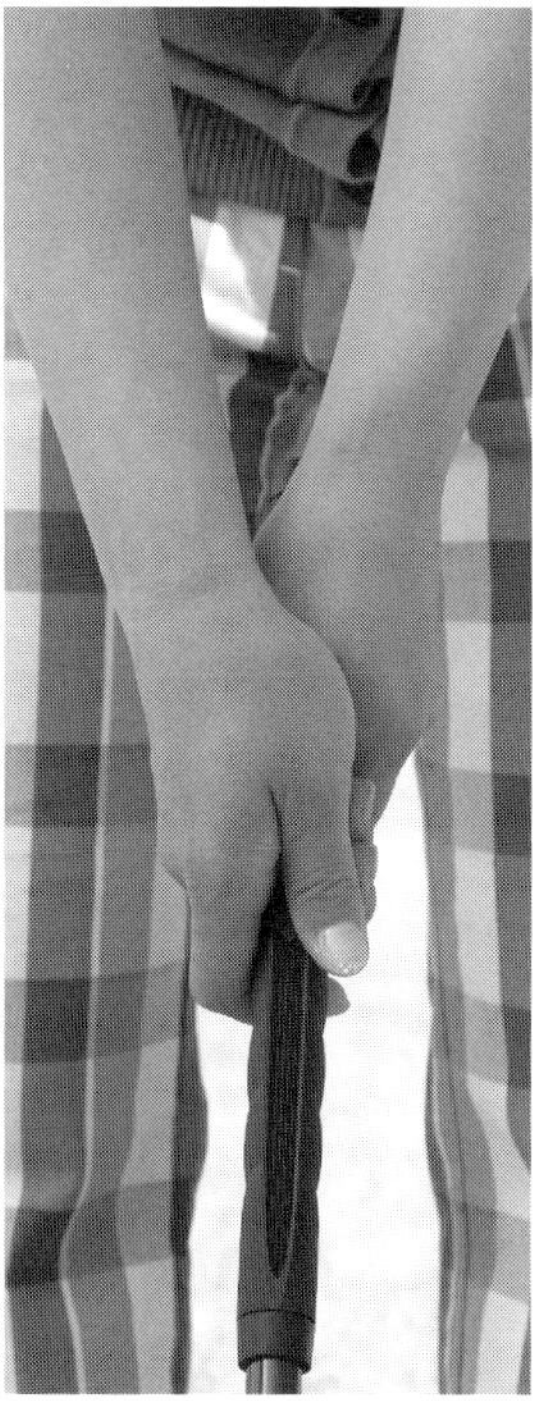

まっすぐ正面

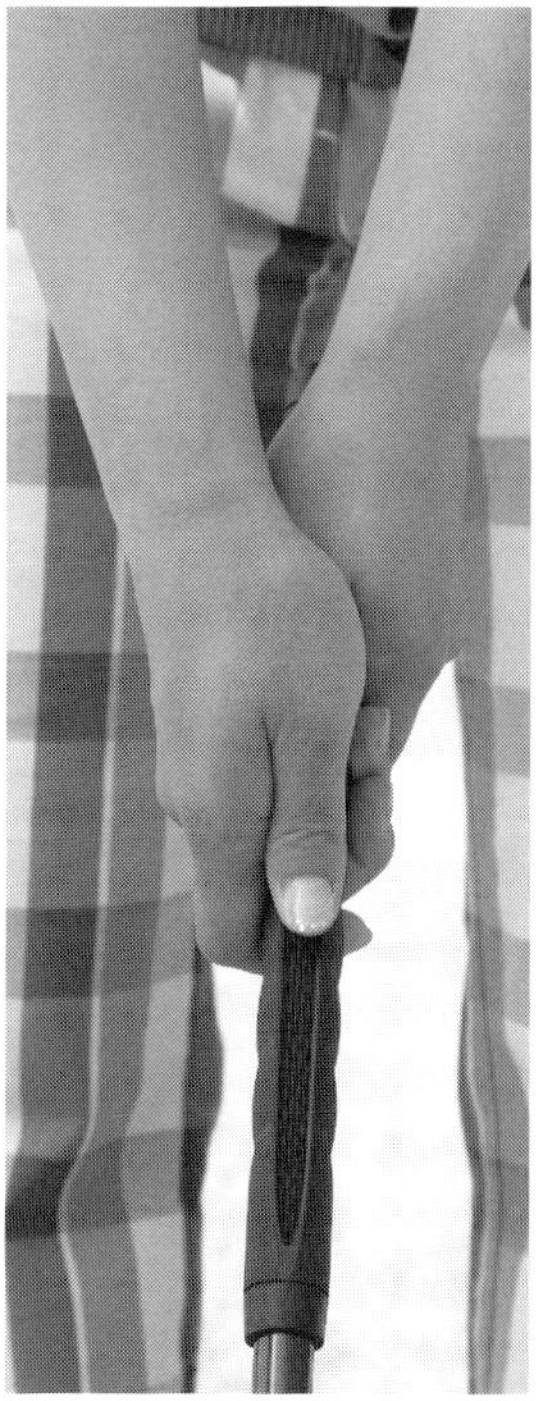

いろいろなグリップを紹介し、そのメリット、デメリットも解説したが、どのグリップも利き手が勝ってしまうことが多々ある。そのバランスの調整方法を知っておくと、ミスを減らすことにつながる。それは、右手の親指をセットする位置だ。右手の親指をシャフトと同じまっすぐ正面にした位置から、左側に少しずつずらして調整することで、狙った方向へ打つことができる

5 グリップの使い方とグリップ位置

1 手首だけで打つショット、パットの弊害

ショットやパットで手首を返すようにボールを打つと、ショットの強さが不安定になり、転び距離を打ち分けることができなくなります。また、クラブフェイスの返りが早くなり、右利きの場合は、ボールが左側に、左利きの場合は右側に行ってしまいます。そればかりか、地面を打ってしまうなどミスショットの確率も高くなります。

NG

手首の使いすぎがミスショットを生む

ショットやパットで、手首を返すように打つ人を多く見かける。手首を使いすぎることで、ボールの方向、強さが不安定になり、自分が納得できるスコアーに結びつかなくなるものだ。この一連の写真は、手首を使いすぎて地面を手前から強くたたいてしまって、ダフった例。ボールは転ばないし、どこへ転がっていくかもわからず、ミスショットだ。手首の使いすぎはNG！

2 グリップの理想的な位置

ショットは、グリップを固定し、腕を軽く伸ばして構え（アドレス）ます。その際、グリップの位置は横から見て、両腕が真下になるのがベストです。

パットの場合は、ショットのグリップの位置を基準として、やや腕を曲げるなど、ボールコントロールしやすいよう、自分に合った方法を見つけましょう。

グリップが体からあまり離れないように、またあまり近づかないように意識して構えます。このグリップの位置が、ボールコントロールしやすく、ボールに正確に力が加わります。

ショットの正しい構え方（アドレス）

アドレスは、腕を軽く伸ばして、グリップが体からあまり離れない、あまり近づかないのが基本。ボールコントロールしやすい、自分に合った姿勢を見つけ出そう

NG

ショットの間違ったグリップの位置

グリップが体から離れすぎても近づきすぎてもNG！

3

狙った方向へ正しく打つショット、パット

グラウンド・ゴルフのショット、パットで、狙った方向へ正しく打つために知っておかなければならないポイントの1つは、グラウンド・ゴルフのボールは硬いので、衝撃が加わった方向へ直進するということです。

それゆえに、ボールとクラブのフェイスが直角にならないと、狙った方向へ正しく転んでいきません。特に、ショットでは、ボールの重さが95g程度の重さに負けないインパクトをすること、そして、正確なインパクトをするためインパクトまでクラブがどのような軌道を描いているのか、インパクト後どのような軌道でフォロースルーをするのかが、非常に重要になってきます。

そのためには、合理的なクラブの軌道を知り、それをマスターするための練習を重ねることが大切です。

1 クラブフェイス（打球面）の方向が重要

狙った方向へ正しく打つためには、ボールとクラブが当たる瞬間に、クラブフェイスがボールの進行方向と直角になった状態でヒットしなければ、狙った方向へ直進しません。簡単そうに思えるのですが、なかなか難しい技術です。

インパクトは直角

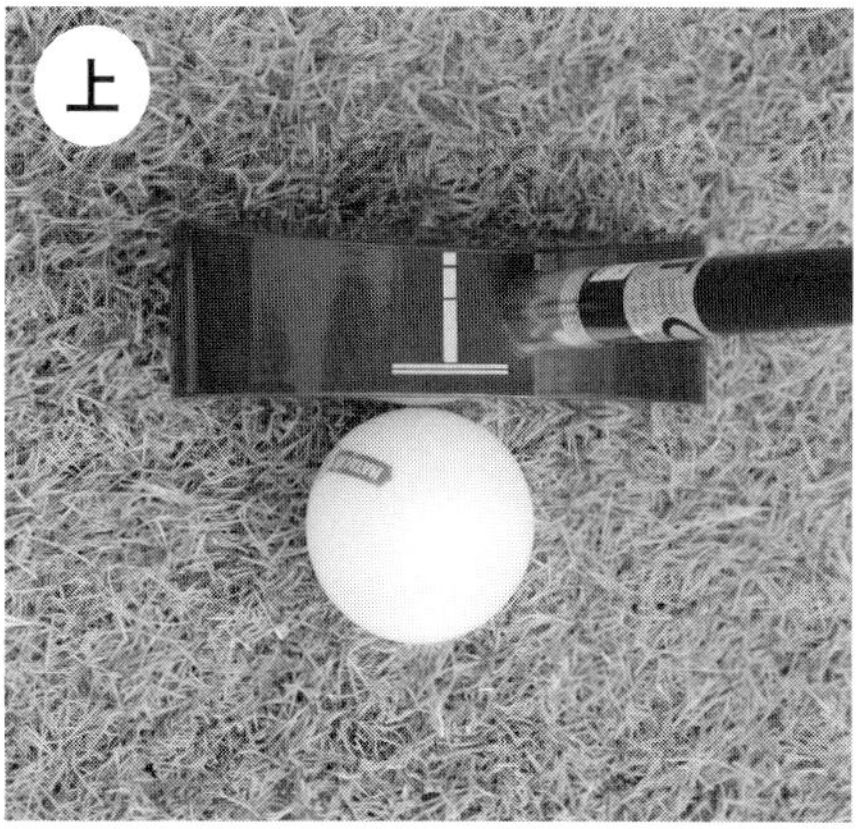

ボールとクラブが当たるインパクトの瞬間は、クラブフェイスがボールの進行方向と直角になっていなければならない。直角にヒットすることで、ボールは狙った方向に飛んでいく。フェイス面の少しのずれが、大きなずれにつながってしまうのだ

2 クラブフェイスの軌道をマスターする

ボールと直角なインパクトと大きく関係しているのが、ショットやパット時のクラブの軌道です。長年、私もグラウンド・ゴルフのショットやパット時のクラブを、どのように振れば適切なのかを考えてきました。これという決め手がないまま考え続けていたのですが、あるとき、このように考えたら……、非常に理論的にも明快な結論に至ったのです。

それは、インパクトの瞬間にボールとクラブフェイスが直角に当たらなければ、ボールが狙った方向へ直進しないのは誰が考えても明白。ですから、アドレスでボールとクラブフェイスが直角になるように構え、その直角を保つようにクラブフェイスの軌道を描くように意識してスイングすれば、正確なショットやパットができることに気づいたのです。

これはグラウンド・ゴルフ独特の技術です。グラウンド・ゴルフのボールは硬くできていて、クラブフェイスも硬くつくられているため、ボールは衝撃が加わった方向へ直進していくからです。

アドレス時に気をつけるポイントは、左右の靴先を結んだライン、肩のライン、ボールを打つラインをすべて並行にし、左右両足に均等に体重をかけます。そして、グリップ、両腕、肩幅で五角形と三角形の中間程度の形でリラックスしてアドレスをとり、身体の軸を中心にしてクラブをボールの真後ろへテークバックします。

決して、野球のバットを振るように横方向へ振り回してはいけません。

靴先のライン、肩のライン、ボールを打つラインが並行で左右両足に均等に体重がかかったアドレス

ショットのクラブフェイスの軌道

ハーフショット

フルショット

ボールとクラブフェイスが直角になるように構え、その角度を保つように軌道を描く。ハーフショットは肩のラインまでテークバックする

ハーフショットと同様に、ボールとクラブフェイスが直角になるように軌道を描くようにする。大きなテークバックになっても角度を保つことがポイント

3 狙った方向へ正しく打つショット

クラブフェイスの軌道は、「アドレス↓テークバック↓バックスイング↓ダウンスイング↓インパクト↓フォロースルー」です。この一連の動きの中で、ボールとクラブフェイスが直角になった状態で、クラブフェイスが軌道を描くように意識してスイングすれば、正確なショットやパットができるのです。

バックスイング時も腰の位置までは直角を保ち、その後も直角を保つイメージでクラブを動かしていきます。フォロースルー後も、クラブのフェイス部がボールと直角になるイメージを保つことが大切です。なぜならばクラブフェイスの早い返りを防ぐために重要なポイントなのです。

ボールとクラブフェイスを直角にする

直角を保ちながらクラブを始動

ボールに対してフェイス面が直角になっているイメージをキープ

クラブが下りてくるダウンスイングでも直角のイメージは継続

インパクトの瞬間、ボールとクラブフェイスは直角！

インパクト後もフェイス面は打つ方向に対して直角のイメージをキープ

4 狙った方向へ正しく打つパット

パットでのクラブフェイスの軌道は、「アドレス↓テークバック↓パッティング↓フォロースルー」です。この一連の動きの中で、アドレス時のボールは、右利きの方であれば左かかとの延長上にボールを置きます。

左右均等に体重をかけ、クラブフェイスがボールと直角になるよう保ち、まっすぐ後ろにテークバックをします。その際、後ろに弧を描くように振り上げるのではなく、地面と並行になるようにクラブヘッドを引きます。このテークバックを可能にするためにアドレス時のボールを置く位置が大切なのです。

パッティング時の大切なポイントは、ボールとクラブフェイスが直角になるよう保ち、ビリヤードでボールをまっすぐ狙った方向へ突き出すようにパッティングをします。ホールポストまでの残り距離に合わせたテークバックをし、転び距離を打ち分けます。

パットは、クラブと腕を一体化させ、手首はこねるようにしないで、肩を中心にして上半身の柔らかい動きで打つように心がけます。

ボールとフェイス面の角度を保ちながら狙った方向へ突き出す

ボールとクラブフェイスが直角になるようにアドレス

フォロースルーでもフェイス面は保っている

まっすぐ後ろにフェイス面を直角に保ちながらテークバック

4 距離を打ち分ける技術を身につける

グラウンド・ゴルフの場合は、打つ距離によるクラブの振り幅、スタンス幅のとり方、インパクトの強さの3ポイントが、パット、ショットの距離を打ち分ける技術と大変深い関係にあるのです。

ゴルフとグラウンド・ゴルフの最も大きい違いは、ゴルフが14本以内のクラブ（ウッド、アイアン、パターなど）を、距離やコースの状況、風などの気象状況によって使い分けてプレーをするのに対して、グラウンド・ゴルフは1本のクラブで長い距離のショットからホールポスト近くのパットまでをプレーするのです。

したがって、打球の方向とともに距離を打ち分ける技術も大切になるのです。距離を打ち分ける能力が高ければ、たとえ少々打ったボールがホールポストからそれても、次の打でホールイン「トマリ」を狙えばよいのです。また、狙った距離が打ち分けられるようになれば、打ったボールはおのずとホールポストに寄るようになってきます。

それでは、どうやって距離を打ち分ける技術をマスターするかということですが、打つ距離によってクラブの振り幅、スタンスの幅、ショットの強さを正確に使い分けるために、絶えずクラブフェイスの芯でボールをとらえることを意識して、プレーや練習を行うのです。

グラウンド・ゴルフは、ゴルフと違って、１本のクラブで距離を打ち分けなければならないのが難しい！

1 目標とする距離、50～30m

目標とする距離が、50～30mになると、個人差もありますが、ややフルスイングに近いショットとなるため、スタンスは両足を肩幅と同じ程度に開き、クラブの振り幅も大きくなります。その際、力んだスイングにならないよう注意が必要です。

力まずにスムーズにスイング！

長距離ショット

50 ～ 30m の長距離ショットの場合は、クラブの振り幅が大きくなる。スタンス幅を肩幅程度にして、力まずにスムーズにスイングし、芯に当てることが大事になってくる

2 目標とする距離、25～15m

目標とする距離が25～15mの中距離ショットになると、スイングも中間的な少し押さえたスイングとなります。これを正確に行うためにはスタンスは若干狭くし、ハーフスイング的なショットとします。

少し押さえたスイングで

中距離ショット

25 ～ 15m の中距離ショットの場合は、スタンスを若干狭めて、フルスイングよりも少し押さえた感じにする。振り幅が小さくなったこのショットでも力まずにスイングしよう

3 ホールポスト近くのパット

ホールポスト近くのパットは、グラウンド・ゴルフとゴルフには大きな違いがあります。ゴルフのホールが直径10・8㎝の穴に対し、グラウンド・ゴルフの場合は、直径36㎝のサークルで、サークルは直径6㎜の金属線でできているのです。

ゴルフの場合は、ボールを狙った方向へ正しくパットし、ボールがホールの方向へ進めば、少々のスピードの違いは関係なく穴に落ちます。

これに反して、グラウンド・ゴルフの場合は、ホールポストまでの距離に合わせたパットの強さを、微妙に調整する必要があるのです。なぜならば、ボールを強く打ちすぎるとサークルから出てしまいますし、弱すぎるとサークル内に入らないからです。そのような難しさがあるのです。

パットの場合は、ホールポストまでの距離が短くなるにつれ、スタンスの幅と振り幅は小さくし、ボールコントロールを微調整します。ホールポストまで1~2m程度となれば、スタンスの幅は10㎝程度でよいでしょう。大きく振ったり強く打ったりしてはいけないので、正確性を高めるためには技術が必要なのです。

ホールポスト近くのパットは、距離に合わせたパットの強さが要求される。微妙な調整が必要だ

遠めのパット

遠めのパットは、スタンス幅を少し広めにして、振り幅も大きめでしっかり打つ感じにする。力の調整は感覚的なもので、何度も繰り返して自分のものにしなければならない

近めのパット

近めのパットは、スタンス幅を狭くする。目安としては、ホールポストまで 1 ～ 2m 程度であれば、スタンス幅は 10cm 程度になる。近いパットは、強く打ちすぎるとサークルから出てしまい、弱すぎると届かないことになる

Ground Golf MEMO

技術に対応力をプラスして

グラウンド・ゴルフは、ゴルフと違って１本のクラブですべてのショットを打たなければなりません。これまでお話ししました考え方やプレー方法を基本として、自分の体力や筋力に合った、打つ距離によるクラブの振り幅とスタンス幅、インパクトの強さを身につけるための練習をすることが大切です。これらの技術を定着させることができれば、あとはさまざまな環境に対応できます。技術と対応力を積極的に応用していけばよいのです。

第2章

理想的なショット、パットの秘訣を考えよう

1

グラウンド・ゴルフの技術にもさまざまな考え方がある

ここでは、「グラウンド・ゴルフの理想的なショットとパットはどうあるべきか」について触れてみたいと思います。

ゴルフのショットやパットの技術にさまざまな考え方があるように、グラウンド・ゴルフも同じように、さまざまな考え方や方法があると思います。ここでは、私が長年、考えてきました「グラウンド・ゴルフのショットとパットはこうすれば上達する」という方法について説明します。

これらのことを参考にしながら、最終的には自分に適した技術を身につけていただきたいと思います。

ショットやパットの技術に関する考え方、方法はさまざま。自分に適した技術を身につけることが大事

2

「スパッ」と振り下ろすのが理想的なショット

ショットの場合のスイングは、バックスイングのトップから同じスピードで振り下ろすのではなく、トップからボールへ向けて「スパッ」とクラブを振り下ろす感じにし、ボールとクラブヘッドが当たる瞬間が最高速度となるようにスイングします。

「50ｍのコースで、ホールポストまでボールが届かないのですが、なぜでしょうか」と、よく聞かれるのですが、おそらくトップから同じ程度の速度でクラブを振り下ろしているのが大きな原因だと思います。「スパッ」とトップからクラブを振り下ろし、インパクトの瞬間にグリップを「ギュ」と締めるのです。

そうすることで、インパクトの瞬間にグリップがさらに固定され、強い力がボールに伝わり、正確で転び距離が出る理想的なショットとなります。

振り下ろす理想的なショット

トップからボールに向けて勢いよくクラブを振り下ろし、クラブヘッドがボールに当たる瞬間に最高速度になるようにする。インパクトの瞬間にグリップをギュッと握り締める

3 正確なアドレス（構え方）が理想的なパットになる

パットで大切にしなければならないことは、スタンスの幅、ボールを置く位置、クラブの振り幅を、〝いつでも変わらず〟正確に行うことです。これが大切な基本です。

そのためには、ホールポストまでの残り距離がどの程度あるのか、日頃から目測でつかむ習慣をつけることが重要です。

そして、ホールポストまでの残り距離をつかんだら、コースの傾斜やホールポストの脚の位置を確認し、どの方向へ向かってパットするかを決め、正確な構えをして、パットをします。

その際、必ずクラブヘッドの芯でボールをヒットしなければなりません。クラブヘッドの芯は、クラブヘッドとシャフトの接続部分の近くに、ライン等で示してあります。クラブシャフトの接合部分がクラブヘッドの芯だと思わないようにしてください。

この方法でやってみても、すぐにうまくいくとは限りません。たとえすぐに結果が出なくても、成果をあせらず、調整しながら繰り返し行うことがなにより大切です。繰り返すことで、いつでも正確なアドレスがとれるようになり、安定したパットを行うことができるようになるのです。

正確なアドレスによる正確なパット

パットは“ いつでも変わらず ”正確に行えることが重要。そのために必須なのが「正確なアドレス」だ

パットは、正確なアドレスをとり、クラブヘッドの芯で正確にボールをヒットしなければならない。成果をあせらず、繰り返し練習しよう

4 振り幅、インパクトの強さで距離を打ち分ける

当然のことですが、グラウンド・ゴルフのショット、パットとも、クラブの振り幅は、打とうとする距離によって違ってきます。クラブの振り幅は、基本的にはほぼ左右対称が理想的です。なぜならば、左右対称にクラブを意識的に振ることによって、同じ程度の強さの安定をしたショットやパットが可能になるからです。

また、クラブの振り幅とインパクトの強さは相関関係があり、振り幅が大きいほど強いインパクトとなり、振り幅が小さいほどインパクトの強さは弱くなります。

どの程度の振り幅、どのくらいの強さでショットやパットを行えば、ボールがどのくらい転ぶのかを確認します。それを実際のプレーで意識したり、繰り返し練習したりすることで距離感を定着させると、距離を打ち分ける技術がマスターできるのです。

練習を重ねなければ、距離を打ち分ける技術はマスターできないと頭に入れてください。

クラブの振り幅は左右対称が理想

小さい振り幅
振り幅が小さければ、インパクトは弱く転がる距離も短くなる

大きい振り幅
振り幅が大きくなれば、インパクトは強くなり遠くへ転がすことができる

Ground Golf MEMO

成果をあせらず繰り返す

　多くのプレーヤーは、できるだけ早く成果を得たいと思うものです。「運動は得意だからうまくなるはず」「これだけ練習しているからいい結果が出て当たり前」と、自分に期待もしてしまいます。しかし、なかなか思いどおりにいかないのがスポーツであり、グラウンド・ゴルフです。風が吹いたり雨が降ったり、コースの状況も常に変わりますから、それらに対応しなければなりません。

　成果をあせらず、自分の技術を１つずつレベルアップさせていけば、いい結果がついてきて楽しさが増します。繰り返すことをどんどん楽しんでください。

第3章

理想的なショット、パットの実践的練習法

──プレー技術を磨く

1 自分を認識することが上達の条件

1 動画で撮った映像を活用して自分の姿を知る

グラウンド・ゴルフの技術を上達させるためには、現在の自分がどのようにショットやパットを行っているのかを、しっかりと認識する必要があります。

「グリップはどうでしょうか？」

「スタンスはどうでしょうか？」

「クラブの軌道はどう移動しているでしょうか？」

「距離を打ち分ける技術的な考え方を持ってプレーしていますか？」

このようなことについて、今一度、自分のショットやパットを冷静に見つめ直すことからスタートします。

とはいっても、自分がどのようにショットやパットをしているのか、なかなかわからないものです。私も中学生に陸上競技を教えるときに、ビデオカメラをよく活用しました。「百聞は一見にしかず」という言葉がありますが、動画で撮って映像で確認するととてもよくわかります。さらに、スローモーションやコマ送り機能を使うと、もっとよくわかります。最近は、スマートフォンやデジタルカメラでも動画が撮影できます。

プレーをしながら夫婦で撮影したり、仲間同士で撮影して意見交換したりすることも、効果的な分析方法だと思います。一人で撮影する場合は、ビデオカメラなど動画が撮れる機材を三脚にセットして、スタートボタンを押してからプレーすればよいのです。

基本を知って改善点を意識しながら毎日のプレーを行うのと、そうではないのでは、上達に大きい違いが出てきます。「急がば回れ」ということわざがありますが、基本を知り、そこから自分なりの技術を身につけていくことが、グラウンド・ゴルフ上達の最短距離なのです。

2 勝敗は結果としてついてくるもの

具体的には、基本を学び、課題を明確にして練習の中で自分に合うよう技術を改善・改良し、自分なりの技術を定着させていくことが、自分のプレー技術を磨くことになるのです。上達するために最も大切な考え方は、他のプレーヤーに勝つという勝敗を強く意識したプレーの仕方ではなく、自分の上達を目標とし、その目標に近づいていくことを喜びとし、楽しみながらプレーすることを重視するのです。

「技術を身につけたい、上達したい」と思うのは、すごく当たり前のことであり、技術的な上達とともにマナーやエチケット的な向上も目指してプレーを楽しむことです。勝敗は結果としてついてくるものです。このような考え方でプレーしていると、技術的な力が自然と向上し、調子のよいときは結果的に上位に入っていることになります。また、マナーやエチケット面も自然と向上してきて、仲間や同伴プレーヤーから信頼を受け、尊敬されるようになるのです。

ある方が「私は、勝敗よりも、スマートに格好よくプレーがしたいのです」と話されていましたが、お話をよく聞いてみますと、スコアーもかなりよくなってきているということです。

2

初心者の方や基本から練習したい方の練習法

グラウンド・ゴルフを始めたばかりとか、これから始めようとしている方、または基本から練習をしてみたい方は、パット練習から始め、少しずつ距離を伸ばして、ショットへ移行していく練習方法をおすすめします。

自分にふさわしいショットをつくるには、誰でもすぐにできるパット練習を行い、基本に気をつけながら始めることが上達への近道です。

なぜならば、ショットとパットは異質な技術ではなく、パットの延長線上にショットがあると考えたほうがよいのです。

1 第1段階の練習

第1段階の練習は、パットのような振り幅の小さいストローク練習です。

ホールポストをセットし、その際、ホールポストの3本の脚の開いている方向から鈴へ向けて、1m、2m、3m、4m、5mと近い距離から段々と伸ばすパット練習を繰り返し行います。そして今度は逆に、5m、4m、3m、2m、1mと距離を短くしながら、同じように繰り返し練習します。これを交互に行う方法もあります。

このように、パットのような小さい振り幅から練習して、ストロークの方法をマスターします。距離の目印にメジャー活用すると便利です。

小さい振り幅のストローク練習

ストロークをマスターするのに最善の方法は、小さい振り幅での練習だ。1m、2m、3m、4m、5mと近いところから段々に距離を伸ばし、次にその逆を行う。振り幅の小さいストロークがすべてのストロークの基本になっていることを体得しよう

2 第2段階の練習

第2段階の練習では、10m、15mの短いショット練習を行います。

この練習は人によって違いはありますが、一般的にはグリップをスタンスの角度程度までテークバックして打ってみます。ボールがどの程度の距離を転がるのか確認し、自分に合うように振り幅を調整します。次に、ホールポストの鈴を目標にして、ホールポスト内に入れるように10m、15mのショットを繰り返し練習します。

その際、3つの目標を持って行いようにしましょう。

目標①＝方向よりも距離を合わせることを目指し、振り幅をつかむ。

目標②＝狙った方向へ正しいショットを目指し、安定したストロークのポイントをつかむ。

目標③＝ホールポストの近くに高い確率でボールを寄せることにチャレンジする。

このように目標を設定しながら、第1段階と同じような方法で練習を繰り返します。このショットは、2打でホールイン「トマリ」やホールインワン「トマリ」、長い距離の第2打目をリカバリーするなど最も重要なショットですから、特に多く練習し、安定したショットができることを目指しましょう。

10m、15mの短いショット練習

10mのショット練習

15mのショット練習

振り幅の小さいストローク練習をしたら、次は10m、15mの短いショット練習だ。①距離を合わせる、②安定したストロークを身につける、③ホールポストに近づける確率を高めるといった目標を持って、繰り返し練習する。このショットは最も大切な役割を担うので、多めの練習をおすすめする

3 第3段階の練習

第3段階の練習は、25m、30mのハーフショット練習を行います。

クラブを腰の位置までテークバックして打ってみます。第2段階と同じように、ボールの転び距離と方向性を確認しながら調整します。

第1段階、第2段階より打つ距離が長くなりますので、シャトル練習法で行います。シャトル練習法とは、バドミントンのシャトルが行ったり来たりするイメージで、効率的に行う練習のことです。

まず、スタートマット、ホールポスト、コーンまたはペットボトル（倒れにくくするため少し水を入れる）を準備します。スタートマットを置き、その次に25m、30mの位置にペットボトルを置き、ホールポストは、スタートマット横に少し離して置き、スイングの邪魔にならないようにします。

練習コースがセットできたら、準備したボール3〜6個を25mの位置に置いたペットボトルを狙って打ち、ショットの練習をします。準備したボールすべてをショットしたら、ボールの位置を確認しながら集めます。ボールを集めるとき、単にボールを拾い上げるのではなく、自分のショットの傾向や課題を見つけます。

次に、集めたボールをペットボトルの位置から逆にホールポストを狙って、すべてのボールをショットします。この方法で50mのショット練習も行います。その際、第2段階の3つの目標を持って行います。

25m、30mのハーフショット練習

第3段階の練習では、もう少し距離を伸ばして25m、30mで行う。ボールの転び距離と方向性を確認しながら調整していく。打ったボールを集めるときに、ボールの止まった位置を確認することで、自分のショットの傾向や課題を見つけよう

4 第4段階の練習

第4段階の練習は、力まないように注意して、クラブヘッドを頭より高い位置までテークバックし、大きいスイングをします。第3段階と同じく、ボールの転び距離と方向性を確認し、クラブの振り幅、インパクトの強さ、グリップの握り方を調整します。距離が長くなるので、第3段階と同様にシャトル練習法で行います。ペットボトルを50ｍの位置に置き、ホールポストはスタートマット横に、スイングの邪魔にならないように置き、第3段階と同じようにショット練習を繰り返します。

以上の4段階練習を、「ボールがどの程度転ぶか」「方向性はどうか」を確認しながら、繰り返します。その際、第2章の「理想的なショット、パットの秘訣を考えよう」をもとに練習し、自分の課題はどこにあるのか的確につかんでいくことが重要です。

また、第6章の「技術上達のためのさまざまな知識」の「5自分のプレーをチェックし上達に活用」（１４０ページ）を活かしながら、自分の課題を明確にすることも大切になります。この考え方は76ページの「3レベルの高い練習にチャレンジ」にも共通することです。

50mのショット練習

第４段階は、50mの大きいスイングの練習だ。クラブヘッドが頭より高い位置になるが、力まないように注意して行う。ここでも、ボールの転び距離と方向性を確認しながら調整していく。課題を明確にすることで、練習効果はぐっと上がるので、必ず目標を持って練習しよう

単にボールを多く打って練習するのではなく、課題を明確にし、それを改善するための目標を持って行うことが、練習効果を上げる鍵となるのです。

5 モデル的な練習方法

【練習メニュー例】

①ストレッチ体操やクラブを使った体操などをゆっくりと行います。

②第1段階のパット練習を行います。

・1m3回、2m3回、3m3回、4m3回、5m3回とパットの距離を伸ばしていく練習を2セット行います。

・5m3回、4m3回、3m3回、2m3回、1m3回とパットの距離を短くしていく練習を2セット行います。

・1m3回、2m3回、3m3回、4m3回、5m3回とパットの距離を伸ばしていく練習を1回行い、逆に5m3回、4m3回、3m3回、2m3回、1m3回とパットの距離を短くしていく練習を1回行います。このパット練習を2セット行います。

③第2段階の短いショット練習を行います。

ゆっくり体操をする

第1段階のパット練習

第2段階のショット練習

・10ｍの距離のホールポストを狙い短いショット練習を10回行います。
・15ｍの距離のホールポストを狙い短いショット練習を10回行います。
・10ｍ、15ｍの距離を交互にショットする練習を10回行います。

④第3段階のハーフショット練習を行います。
・25ｍの距離のホールポストを狙いハーフショット練習を10回行います。
・30ｍの距離のホールポストを狙いハーフショット練習を10回行います。
・25ｍ、30ｍの距離を交互にショットする練習を10回行います。

⑤第4段階の50ｍショット練習を行います。
・50ｍの距離のホールポストを狙い長いショット練習を20回行います。

⑥整理体操をし、後片付けをしましょう。

第３段階のショット練習

第４段階のショット練習

整理体操をする

3 レベルの高い練習にチャレンジ

一般的に練習は、短いショットから始めるのが普通だと思いますが、グラウンド・ゴルフの場合は、最長コースでも50mですから、第1打目でホールポスト近くまでボールを近づけることができます。

第1打でボールをホールポストにどれくらい近づけることができるかが、スコアーアップの重要なポイントになります。

そのようなことから、グラウンド・ゴルフの経験や自信のある方は、はじめに50m程度の長距離ショットからチャレンジすることをおすすめします。なぜなら、大会では、最初のコースが50mの場合もあり、このロングコースの第1打が大切なショットとなることも多いからです。

グラウンド・ゴルフでは、第１打目でホールポストに近づけるのは非常に大事だ。そのために、50m 程度の長距離ショットから練習開始！　どんどん近づけるようにチャレンジしてみよう

1 3パターンのテークバックでボールの転び距離を確認

練習の前に、ボールを3～6個、ホールポスト、スタートマット、水を少し入れたペットボトル3本、10ｍ程度のメジャーを準備します。

まず、練習前に転び距離の確認をします。スタートマットにボールを置き（スタートマットがない場合は地面にボールを置く）、力まないで大きいスイングで打ってみます。次に、腰の位置までテークバックして打ってみます。最後に、グリップをスタンスの脚の角度までテークバックして打ってみます。テークバックの位置とショットの強さでボールの転び距離がどの程度か確認します。

その際、距離を測る必要があります。方法としては、メジャーかレーザー距離測定器で測りますが、レーザー距離測定器を使用すると正確な距離がわかります。簡易な方法として、自分が普通に歩いた場合の歩幅を測定（土の上を歩けば靴跡でわかる）しておき、たとえば1歩が65㎝の場合は、50ｍはおおよそ77歩、歩いた位置となります。

このような測定方法で、3パターンでの自分のショットの転び距離をつかむことができるのです。

大きいスイング

大きいスイングはどうしても力が入ってしまうので要注意。スイングが大きくなっても自分のリズムを大切に

腰の位置までテークバック

腰の位置までのテークバックで打ってみる。大きなスイングのときとの転び距離を確認しながら行う

スタンスの脚の角度までグリップをテークバック

最後にグリップをスタンスの脚の角度までのテークバックで打つ。テークバックの大きさ、ヒットする強さによる違いを確認する

2 長距離ショット（50m程度の距離）から始める

50m、30m、15mの位置に置いたペットボトルを目標にして練習します。

まず、50mの位置に置いたペットボトルを狙って、3〜6打程度（準備したボールの数による）ショットします。ボールを集め、今度はペットボトルの位置から、スタートマット近くのホールポストの位置を狙って逆方向にショットします。この方法では、ボールを3個準備した場合、50mのショットを6打練習することになります。

このような練習で、50mの距離に合ったテークバックの位置を、ボールを打ちながら調整します。そして、30m、15mも同じように、ショットをしながらテークバックの位置とインパクトの強さの感覚をつかみます。

その際、バックスイングを小さくしたらインパクトの強さも弱くするようにして、ボールコントロールをします。

3 50m、30m、15mの距離を打ち分ける

それぞれの距離に合ったテークバックの位置が調整できたら、次の段階の練習方法は、50mのショット、30mのショット、15mのショットの順に、ボールを1個ずつ打ち分けていきます。この練習でも逆の方向であるペットボトルからスタートマットの位置を狙うショットも行います。

当然のことですが、ショットしたボールがペットボトルやホールポストに近づくほど、距離感の高いショットといえます。この練習を繰り返しながら、50m、30m、15mの距離を打ち分けるショット技術を定着させていきます。この練習を何セット行うかは、その日の調子によって自分で判断します。

次に、順番を逆にして、15m、30m、50mと、ショットの距離を伸ばす練習をします。

このような練習を繰り返すことにより、長距離ショット、中距離ショット、短距離ショットを打ち分ける感覚を身につけていきます。

4 難易度の高いパットの練習

　パット練習はホールポストをセットし、ホールポストの脚の正面方向からホールポストの内へ向けて、難易度の高い練習をします。この方法は、ホールポストの鈴を利用してボールを静止できないので、ボールが減速しホールポスト内で静止するようにパットしなければなりません。高度なパットの距離感を鍛えます。

　８ｍ、５ｍ、４ｍ、３ｍ、２ｍ、１ｍまでを、遠くから段々と距離を縮めるパット練習を繰り返します。その際、左右に打ち分けながら練習します。また、逆に距離の短いほうから段々と距離を伸ばしていく練習もします。これを交互に行う方法もあります。

　このようにパットの練習をしながら、クラブの振り幅とスタンス幅を調整しながら、自分のパット技術を定着させていきます。一般的には、クラブの振り幅が小さくなることとスタンス幅は比例しています。したがって、クラブの振り幅が小さくなるほどスタンスの幅も狭くします。

難易度の高いパット練習

8m 程度の地点から

ホールポストの3本の脚の正面からのパット練習を行う。鈴を利用できないので難易度が増す。左側から右側からと打ち分ける

2m 程度の地点から

振り幅が小さくなるぶん、スタンス幅も狭くして行うのが一般的。何度も繰り返し練習して、自分のパット技術を定着させる

5 モデル的な練習方法（参考）

【練習メニュー例】

①ストレッチ体操やクラブを使った体操などをゆっくりと行います。

②50m、30m、15mと長い距離からショット調整を行います。

・はじめに、50mのショットを数回打ちながらクラブの振り幅とインパクトの強さを調整します。

・だんだんと距離と方向性が定まってきたら、次に30m、15mと同じように調整していきます（この方法は、大会前の練習方法として有効であり、コースのコンディションと自分のショット調整方法として活用します）。

③50mのショットから30m、15mと10回ずつショット練習を行います。

・50mの距離のホールポストを狙い、長いショット練習を10回行います。

ゆっくり体操をする

長い距離からショット調整

・30mの距離のホールポストを狙い、長いショット練習を10回行います。

・15mの距離は、ホールポストの脚を自分の方向へ向け、距離感を高めることを意識したショット練習を10回行います（この場合、まっすぐ打つことを意識しながら、ホールポストの脚の左右を交互に狙って練習します）。

④難易度の高いパット練習を行います。

・ホールポストの脚を自分の方向へ向け、8m、5m、4m、3m、2m、1mまでの距離を、遠くからパット練習をそれぞれ10回ずつ行います。その際、1打ずつ左右に打ち分けながら繰り返し練習します。

・次に、逆に距離の短いほうから段々と距離を伸ばしていく練習も10回ずつ行います。

⑤整理体操をし、後片付けをしましょう。

まっすぐ打つことを意識ながらの練習

難易度の高いパット練習

【練習に関するアドバイス】

◎練習できる時間によってセットや回数を変えてください。

◎どこがよくてどこに課題があるか、必ず、感じたことをメモするようにしましょう。

◎課題について、本を読み返しながら改良したショットやパットをイメージする習慣をつけましょう。

◎土のコースと芝のコースでは、ボールの転び距離が違いますので、両方のコースで練習するとよいでしょう。

◎時々、斜面や起伏の練習も入れましょう。

◎自宅でも、グリップやパットなどの練習をすることが大切です。

第4章

スコアアップのための鉄則

1 基本を知り、それを意識して繰り返す

グラウンド・ゴルフをプレーしている多くの方は、自分のスコアーがどうなのかということが、いちばん気になることだと思います。〝スコアーアップ〟という目標を持つことは大切なことであり、自分のスコアーがよくなればうれしいばかりか、充実感を持つことができるのです。

それでは、どのようにしてスコアーアップさせるのかということですが、私が講演を依頼されたある市のグラウンド・ゴルフ協会長さんから、次のようなあいさつがありました。

「グラウンド・ゴルフのルールについては何度か研修し、おおよそ共通理解が図れました。ポンポンとボールを打って、数を打てば上達するということもありますが、今日は、グラウンド・ゴルフがどのような考え方で誕生したのかを学び、上達のための基本を知って、普段のプレーや練習に生かすことが大切と考えて、本日の講演を計画しました」と話されました。

また、講演後のあいさつでは、副会長さんが、「実際、考案に携わった人の話は

違う、そうかそうなのだと、今までもやもやしていたことが明確になりました。目から鱗が落ちました」と話されました。

スコアーアップするためには、上達のための基本を知り、それを意識して繰り返しあきらめずにプレーし練習することが大切なのです。

2 コースの攻め方をイメージする

グラウンド・ゴルフのコースは、誕生当初は学校のグラウンドなど、土の広場を使用していました。グラウンド・ゴルフが普及してくるにつれて、芝の専用コースが次々と誕生し、フラットなコースだけでなく、ゴルフ場ほどではないのですが、起伏に富んだコースもできてきているのです。

グラウンド・ゴルフでも、ゴルフと同じようにコースの特徴をつかみ、どのようにプレーしていくかイメージすることが必要です。

1 第1打目のショットをイメージする

グラウンド・ゴルフの第1打目のショットは、いかにホールポストにボールを近づけるかが大きいポイントです。その中で、理想的なコースにボールがのったときにホールインワン「トマリ」が出るのです。

第1打目の利点として、スタートマットからホールポストまでの距離がはっきりとわかっていることです。これをうまく活用していくことが、ホールポスト近くにボールを寄せる秘訣です。

どのようにして活用するのか、次のことをイメージしましょう。

イメージ①＝距離に合わせたスタンス幅をイメージする。

イメージ②＝距離に合わせたクラブの振り幅をイメージする。

イメージ③＝距離に合わせたインパクトの強さをイメージする。

多くのことを考えないで、ショットの前にこれらのことをイメージする習慣をつけるのです。その前に試合までの練習で、自分がイメージしている感覚とコースコンディションが合っているかを判断しながら微調整するのです。具体的には、大会開始前に練習できるようであれば、事前に普段のイメージでショットやパットを

転び距離を確かめる

試合までの練習で、腰の位置までのスイングで転び距離を確かめる

行ってみて、ボールがどの程度転ぶかをつかんで調整しておくとよいでしょう。

この方法を淡々と繰り返していけば、安定した第1打目のショットができるようになり、何回打ってもホールポスト近くにボールが集まるようになります。

始めてすぐにできることではないので、あきらめないで繰り返し徹底して行うことです。

２ 第2打目でホールイン「トマリ」を確実にするイメージ

ホールインワン「トマリ」は、狙ってできるものではありません。しかし、上達してくるにともなって、ボールをホールポスト近くに寄せる力が身につき、ホールインワン「トマリ」も出やすくなるのです。

スコアーアップで最も大切なのは、２打でホールイン「トマリ」ができるかどうかです。そのようなことから、第２打目のパットやショットがスコアーアップの非常に大きいポイントとなりますから、次のようなことをイメージしましょう。

イメージ①＝ホールポストまでの残り距離をイメージする。残り距離によってパットのスタンスで打つのか、ショットのスタンスで打つのか決める。
ショットで打つのかパットで打つのかの判断となる残り距離は、10ｍ程度以上であればショットのアドレスのほうがよいだろう。

イメージ②＝クラブと腕を一体化して打つことをイメージする。手首だけで打つことを避ける。

イメージ③＝ボールを打つときのクラブヘッドの軌道とインパクトの強さをイメージする。

２打でホールイン「トマリ」を成功！

スコアーアップで最も大切なのは、２打でのホールイン「トマリ」だ。２打目のホールイン「トマリ」を常にイメージしながら、寄せる力を身につけよう

3

第1打目のミスショットを減らす

グラウンド・ゴルフは、第1打目のショットはスコアーアップに大きい影響があります。そのためにはミスショットを減らすことが最も大切です。

ミスショットは、不安や動揺などで安定したショットが打てない、自信のなさが大きい原因となります。

ミスショットのパターンをあげると、「ダフリ」「ホールポストに対して左右どちらかに大きくそれる」「ショート・オーバー」が主なものです。

このような、ミスショットを避けるためには、自分なりの技術を定着させ、ショットの前に多くのことを考えないで、92ページに示しましたように、3つのポイントをイメージしてアドレスに入ります。安定した気持ちで自信を持ってショットすることが大切です。

ショットの前には多くのことを考えない。不安や動揺があると安定したショットを打つことができず、ミスショットにつながる。自信を持ってショットすることが大事

1 ダフリをなくすには

「ダフリ」とは、クラブヘッドが上から直角的に入り、ボールよりスタートマットの手前にクラブヘッドが当たりながらボールを打ってしまう場合や、クラブヘッドがボールをすくい上げるように動き、スタートマットとともにボールを打ってしまうことです。

このようなトラブルを防ぐために最も大切なのは、正確なアドレスをとることと、アドレス時のボールの位置を正しくすることです。このことは、第2打目以降のショットやパットにも共通することです。

ボールとの距離を把握して、正確なアドレスをとれるようにする。正しいアドレスがダフリなどのトラブルを防いでくれる

2 大切なのはダフったあとの考え方

プレーヤーは、ダフった場合の対処の仕方も考えておく必要があります。ダフった場合は、ボールがほとんどショートします。ひどい場合はスタートマットの近くでボールが止まることも多々あります。このような場合でも冷静に判断し、第3打目でホールイン「トマリ」を狙うように考えるのです。

グラウンド・ゴルフの場合は、ゴルフと違い最長のコースでも50ｍなので、第2打目でホールイン「トマリ」を狙うことができるのです。攻め方を、第2打目をいかにホールポストに寄せるかに切り換えて、落ち着いてプレーします。ここで自分のペースを崩すとすべてのコースに影響しますので、「考え方のチェンジ」が大切です。

3 インパクトが正しければミスが減る

クラブヘッドでボールをとらえる瞬間、インパクトで大切なことは、ボールから目を離さないように集中してボールを注視します。そのことによりボールをクラブ

視線はボール！

ボールから早く視線を離さないようにすると、インパクトでのミスを減らすことができる

の芯でしっかりとらえ、直角にインパクトできるのです。

　また、インパクト後も視線をボール位置から離さないように意識することで、ボールから早く視線が離れることを防ぐことができます。

　こうすることで、インパクトにおけるミスを減らせます。

4 インパクト後のフォローアップを正確な軌道に

インパクト後は、打ったボールがどのような方向にどれくらい転ぶのか、すぐに見たいのは誰しも当然な気持ちです。しかし、ボールから早く目を離すと、インパクトの瞬間より早く視線がボールから離れてしまい、正確なインパクトができないのです。

インパクト後もボール位置に視線を残すようにして、クラブヘッドのフェイス面を狙った方向へリードするように意識しフォローアップします。

そうすることで、クラブフェイスが早く返ることを防ぎ、狙った方向へボールを打つことができるようになります。この技術もグラウンド・ゴルフの大切な技術といえるでしょう。

正しい軌道のフォローアップ

インパクト後もボール位置に視線を残すようにする。クラブヘッドのフェイス面を狙った方向へリードするように意識しフォローアップすると、狙った方向へボールは進んでいく

4

第2打目がスコアーアップの鍵

グラウンド・ゴルフの標準的なスコアーを、1つのホールポストを3打でホールイン「トマリ」にすると考えると、標準コース8ホールポストは3×8で24打です。この24打を基準にしてスコアーアップを考えると、8ホールポストの中に2打で上がるホールポストがないとスコアーアップができません。2打で上がるホールポストをいかに多くするかがスコアーアップのポイントです。

そのようなことから、第2打目でホールイン「トマリ」ができる力をつけることが、スコアーアップの鍵となるのです。

1 ホールポストまでの残りの距離をつかむ

ホールポストまでの残り距離を正確につかむことはできませんが、自分なりの距離判断の基準を持つことが大切です。正確な距離と違っていてもいいのです。大切なのは、その距離判断が日々違うのではなく、ある程度同じであることが大切なのです。そうすると、距離に合わせたショットやパットが有効になるのです。

ホールポストとボールとの距離

自分なりの距離判断の基準を持つことが大事

ショットかパットかを判断

ショットにするかパットにするかの判断は 10m を基準にするといい。日頃からの「直感」がモノをいう

ショットかパットの判断は、残り距離が10ｍ程度を基準とすればよいでしょう。距離判断の参考となるのは、15ｍのコースの距離と比較して10ｍの距離感をつかむのも1つの方法です。

日頃から、直感で残り距離をつかむ習慣をつけることが大切であり、その距離に合ったショットやパットを安定してできるようにすることです。

3 第1打目がスコアーアップの最大の山

先にも述べましたが、ホールインワン「トマリ」は狙ってできるものではなく、第2打目のショットやパットでホールイン「トマリ」ができるかどうかが、スコアーアップで最も大切であることは誰もがわかっていることだと思います。

第1打目でいかにホールポストにボールを寄せることができるかが大切なポイントの1つになります。そして、第2打目では、正確にホールポストにボールを静止させることが大切になります。

そのためには、距離を打ち分ける技術と、ボールを狙った方向へまっすぐ打つ技術が大切であり、この2つの技術を身につけるよう意識することです。

なぜこの2つの技術が大切かと言いますと、ホールポストはゴルフのホールと違い、ボールが正確にホールポストの方向へ行っても、強すぎるとホールポスト内にボールが入っても通過してしまうからです。

ゴルフの場合だとホールに落ちて入るのですが、グラウンド・ゴルフの場合は落ちて入るのではないため、ゴルフ以上に距離を打ち分ける技術が重要となるのです。

グラウンド・ゴルフのホールポストには、ゴルフボールがホールに落ちたときの音のイメージを出そうとの考えで、中心部分に鈴が付けられています。ホールポスト近くで第2打目を打つときは、この鈴を狙って打つと静止しやすくなります。

　第2打目でホールイン「トマリ」を狙う場合は、ホールポスト内に静止させるくらいの強さで鈴を狙って打つと、ホールポストに正確に入る確率が高まり、2打でホールポストに入るようになると、スコアーアップにつながるのです。

　この場合、ボールが強く鈴に当たると弾かれてしまうので、気をつけてください。鈴が狙えないケースも多くあるので、ボールが鈴に当たらなくても、ホールポスト内にボールが静止するくらいの、パットやショットの距離感を磨くことが大切です。

　目標を2打でホールイン「トマリ」に置き、その中にホールインワン「トマリ」が出てくると、自然と順位も上位に入ってきます。はじめから上位を狙うのではなく、自分のプレースタイルを確実に行っていくことで、結果的によいスコアーが出ることになるのです。

距離を打ち分ける技術と、狙った方向に打つ技術は、スコアーアップになくてはならないものだ。この2つの技術を身につけるように、日頃の練習を繰り返すことが大切

Ground Golf MEMO

なぜ「トマリ」？

ホールポストにボールが入ったとき、グラウンド・ゴルフでは「トマリ！」と言います。なぜなのでしょうか？　多くの方からの問い合わせもあります。

グラウンド・ゴルフは、国の生涯スポーツへの本格的な取り組みと連動して、1982年に鳥取県泊村（現・湯梨浜町）で考案されました。そして全国的に普及するのにともなって、泊村にもなんらかのメリットがないものかと思案し、専門委員会で話し合う中で、発祥の地・泊村の名を、「トマリ」としてルールに入れたのです。

第5章

「寄せの達人」になろう

1

「寄せの達人」のためには基礎的な考え方が必須

グラウンド・ゴルフの技術で最も身につけたい力は、ホールポストの近くへボールを寄せる能力です。この技術力が高いほど、2打でホールイン「トマリ」を可能にし、ホールインワン「トマリ」の確率も高くなるのです。

第1章から第4章まで、クラブの握り方、ショット・パットの方法、クラブの軌道など、多くの基礎的な考え方について説明してきました。次のステップである「寄せの達人」になるためには、これらのことをしっかり理解してください。

最初はうまくできなくてもあきらめず、繰り返し実践し改善しながら、自分流の技術とイメージを重ね合わせ、自分なりに上達を目指していくことが大切です。

自分流の技術とイメージを重ね合わせて、寄せの達人になろう。最初はなかなか寄せられなくても、繰り返しやってみて、少しずつ改善しながら上達を目指すことが大切！

2 寄せの技術を身につけるためには

1 距離を打ち分ける技術の定着方法

先にも書きましたように、ホールポストまでの正確な距離がわかっているのは、第1打目だけなのです。まず、この第1打目のショットでどの程度ホールポストに寄せることができるかで、自分の距離感覚が合っているかをつかむのです。

第1打目のショットで、15ｍ、20ｍのコースでホールポストの2～3ｍ近くに、30ｍ、50ｍのコースでホールポストの約5ｍ近くにボールが寄るようであれば、その日の距離感はコースに合っていると考えてよいでしょう。

もし、それ以上ボールが離れるようであれば、ショットの微妙な調整が必要となります。

その調整方法の判断は、①左右どちらかにボールが行ってしまう、②ボールがホールポストまで届かない（ショート）、③ボールがホールポストより遠くへ行く（オーバー）、この3つのどれなのか判断します。時には、2つの場合もあるでしょう。

1 左右どちらかにボールが行ってしまう

このケースは、グリップの力のバランスがとれておらず、どちらかの手の力が勝っているのです。これを修正するには、グリップの利き手親指の位置をずらすことによって、グリップのバランスをとり、ヒットする瞬間までボールを注視し、フォローアップの間も視線を動かさないよう意識します。

フォローアップの間も視線を動かさないように意識することで、ボールの方向性が安定する

親指の調整方法

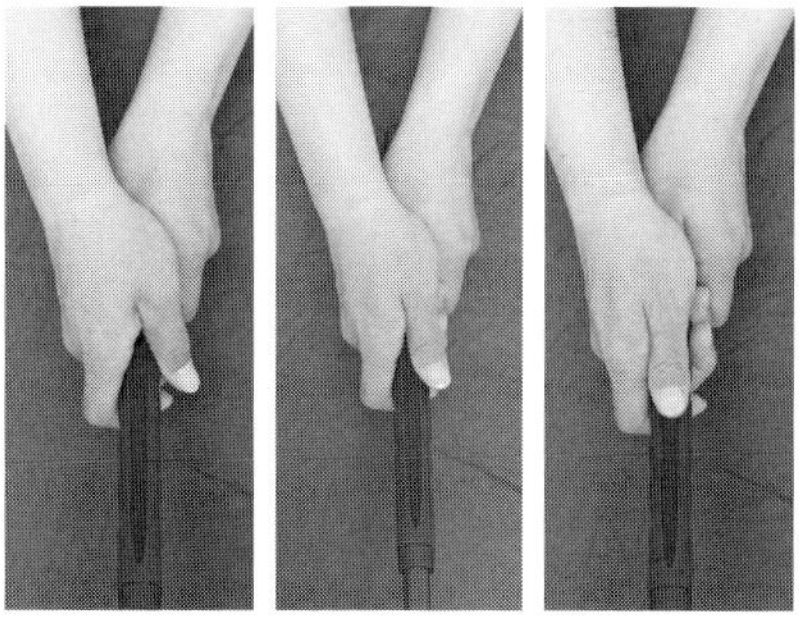
利き手親指の位置を調整することで、ボールが左右にぶれることを防ぐことができる

2 ボールがホールポストまで届かない（ショート）

このケースは、クラブヘッドとボールが当たる瞬間のインパクトが弱いと判断すべきでしょう。元々、筋力が強い弱いということもありますが、グラウンド・ゴルフの場合は、いちばん長い距離でも50ｍですから、ショットの技術を身につければ、ホールポスト近くまでボールが届くようになると考えられます。

どのようなショットをするのかは、クラブをテークバックした頂点（トップ）からクラブヘッドをビュンと振り下ろし、インパクトの瞬間が最高スピードとなるように、その1点に集中するのです。そして、インパクトの瞬間にボールの重さによってクラブヘッドがぶれないよう、グリップを締めるようにします。

この方法を繰り返し行えば、転び距離は確実に伸びていきます。

インパクトの瞬間を最高スピードにする

クラブヘッドをビュンと振り下ろして、インパクトの瞬間が最高スピードになるように集中。インパクト時はグリップを締めるようにする

③ ボールがホールポストより遠くへ行く（オーバー）

このケースは、インパクトでボールに与える衝撃が強すぎるのです。その対策としては、テークバックの高さを若干低くすると、インパクトの瞬間にボールへの衝撃も弱くなり、距離を抑えることができます。

テークバックを大きくとるときはインパクトが強く、テークバックが小さくなるにしたがって、インパクトの強さを弱くする技術を身につければ、狙った距離を打ち分けることができるようになります。その際、距離感に合わせてスタンスを決めて打つ習慣をつけることが大切です。

2 寄せの技術を上達させる練習法

寄せの技術については、理解できても実際にプレーの中でできるかどうかが問題なのです。寄せの技術を上達させるための練習法は2つあります。

1つ目の練習法は、ゲームをする中で練習する方法です。プロ野球の投手がオープン戦で、新しい球種を覚えたときによくやっている方法ですが、勝敗をあまり意識せず、うまく投げられるか？　ボールの威力はあるか？　などいろいろ試すのです。バッターも自分の苦手な球種やコースにわざと手を出して、感触をつかんでいくのです。試しながら課題を改善し、新しい技術を完成させていくわけです。

これと同様に、ゲームの中で基本を踏まえた新しい技術を試しながら、改善や調整をしていくのです。これを繰り返していくうちに、自分に合った寄せの技術が身につくのです。

2つ目の練習法は、ゲームではなく個人もしくはペアで練習する方法です。少し多めにボールを用意して、ホールポストに寄せる練習をします。その際、距離を変えながら長い距離や短い距離を打ち分けます。

ペアの場合は、ホールポストなしで向かい合ってお互いに打ち返す練習もできます。ゲームでの練習は、ゲームが進行する中で行う練習ですから、反復的な練習ができないのに対して、この練習法は、反復練習やお互いにアドバイスしながらできるので、効果的な練習法と言えます。

しかしながら、このような練習はほとんど行われていないと言ってもいいのではないでしょうか。私はよく言うのですが、「練習なくして向上なし」。やはり技術を上達させようと思えば、何らかの練習が必要であり、今後、グラウンド・ゴルフも技術の上達を目指して練習する人が多くなってくると思っています。

「うまくなりたい」、「技術を身につけたい」と思う向上心は人間として当然のことであり、これが自己の向上に向けた学習なのです。

1つ目の練習法、2つ目の練習法とも基本を大切にして、距離感をイメージしショットやパットを行い、イメージとショット、パットの寄せがどうであったか評価し、調整改善することが重要です（「第3章　理想的なショット、パットの実践的な練習法」を参照）。

寄せの技術を上達させるためには練習が第一。距離を変えながら長い距離、短い距離を打ち分ける

3 1打に集中しよう

グラウンド・ゴルフでホールポストにボールを寄せるためには、距離を打ち分ける技術も大切ですが、微妙なボールコントロールのためには、「1打に集中する力=集中力」も必要です。ショットやパットをする場合、どのように集中するのがベストなのかを考えてみましょう。

まず、ホールポストを見て自分なりに残り距離の判断をします。その際、ホールポストだけでなく周辺の状況も見ておきましょう。次にショット、パットのどちらで打つのかを決めます。そして、振り幅とインパクトの強さをイメージします。

ここまではある程度早く決断し、あとはアドレスに入り、テークバックからインパクト、フォロースルーまでのイメージを繰り返し描きます。そうすると、周辺の状況に左右されることなく、自分のプレーに集中することができます。そして順番が来たら、イメージどおりに1打に集中力を結集してボールを打つのです。

今までは、あまり深く考えずに順番が来たら打っていた人も多いと思いますが、さまざまなスポーツ選手が、自分の順番が来るまで自分のプレーを繰り返しイメージし、集中力を高めるのと同じことなのです。

ホールポストを見て自分なりに残り距離の判断をし、振り幅、インパクトの強さをイメージする。そのイメージのまま、自分のプレーに集中してボールを打つ

Ground Golf MEMO

他のスポーツから学ぶ

大リーガーのイチロー選手は、バッターボックスに入る前に、ウェイティングエリアでどんなときも同じ動作を繰り返し、いざバッターボックスに入ってからも、バットで打つ方向を示し、ユニフォームの袖を軽く引き上げて集中力を高めます。チャンスは逃さない、この１球を打ち損じないために……。

プロゴルファーの松山英樹選手は、パターを打つ前にホールから目を離すことなく構えに入り、そのホールに集中力を結集して、描いたイメージのままヒットします。必ず１パットで沈めるために……。

どんなスポーツでも、集中する力は技術を越えることができると言えるのではないでしょうか。

第6章

技術上達のための さまざまな知識

1

さまざまなコースに対応する

1 土、芝のコースへの対応

グラウンド・ゴルフのコースタイプを分類してみると、「やや荒い土のコース」「粘土のように目の細かい土のコース」「芝の高さが長いコース」「芝の低いコース」に分けることができます。また、「起伏」や「上り下り」など、コースの特徴を的確につかむことも大切です。

1 土のコース

土のコースの大きな特徴は、一般的にボールがよく転び、自然と減速していき、徐々に止まります。ただし、粘土質のきめの細かい土のコースの場合は、ボールがよく転び、転び距離も長くなります。特に、ホールポスト近くでは弱く打ったつもりでも、サークルを乗り越えて出てしまいますから、要注意です。細心の注意を払ったパットをしましょう。

❷ 芝のコース

芝のコースの大きな特徴は、一般的に初速は土と同じなのですが、芝の抵抗が土より大きく、距離が長くなると急激にグッグとブレーキがかかったように減速していきます。特に、芝の高さが長い場合はボールが転びにくくなりますから、そのことを意識してプレーしましょう。また、芝でも柔らかい芝や硬い芝などいろいろな種類があることを知っておいてください。

土のコース、芝のコースで共通していえるのは、前日の雨や当時の小雨でコースがしめっていたり、水がたまっていたりすると、当然ボールが転びにくくなります。これらへの対応のためには、プレー前の練習でどの程度ボールが転ぶか、どの程度ボールにブレーキがかかるのかなどを確認しておく必要があります。

2 コースの傾斜や起伏への対応

コースの傾斜や起伏については、あらかじめコースを歩いてみて確認しておき、可能なかぎり安全なコースを狙ってプレーすることが大切です。また、日頃からこのようなコースを克服する練習もしておくとよいでしょう。

グラウンド・ゴルフの場合、コースの傾斜角度が大きいケースはあまりありません。なぜならば、ゴルフボールと違いボールの重さが95g程度あり、傾斜角度の大きい場所で止まることはほとんどなく、傾斜のゆるやかなところまで転んでいきます。

そのようなことから傾斜への対応は、アドレスをとったとき、打つ方向が上がっていようが下がっていようが、足裏の土踏まずより前に体重をかけるようにし、傾斜方向に応じ体重をバランスよくかけ、安定したスタンスをとり、ショットやパットができるように、地面をしっかり踏みしめます。

傾斜でのショットやパットは、ホールポストに対して直接狙って打つと、ホールイン「トマリ」ができませんので、ボールの描くカーブをイメージし、ラインの途中に目標となる位置を想定し、その位置を目標にして打つと、ボールはカーブを描くようにホールポストの方向へ転んでいきます。その際、どの程度の強さのショットをするかの判断と感覚が大切です。

グラウンド・ゴルフコースでは、大きく起伏しているコースは、あまりないと思います。もしあった場合は、練習ができるときにどの程度の強さで打つとクリアーできるのか、事前に試しておくことが大切です。ゆるやかな起伏の場合は、グラウンド・ゴルフではあまり意識しないでプレーすればよいと考えています。

地面をしっかり踏みしめて、ボールの描くカーブをイメージする

土のコース

土のコースは、土の目の細かさによって、ボールの転がり具合がまったく違う。赤土のようなきめの細かい土ではよく転がるので、やや弱めに打ち、粒の大きな土や小石が混ざったところではやや強めに打つ

芝のコース

芝のコースは、芝の長さ、深さによって抵抗が違ってくる。それに合わせた強弱が要求される。芝が長いラフでは抵抗が強いので、グリップがぶれないように、普通より締めて握るようにするといい

傾斜のあるコース

傾斜のあるコースは、ただまっすぐ打ったのでは、ホールポストにボールを近づけることはできない。傾斜の度合いをよく読んでから打つ方向を決めて、“できるだけ近づける”を最優先にショットする

起伏のあるコース

起伏のあるコースは、マウンドがあったり下り坂があったりと、ホールポストとボールを結ぶラインをなかなかイメージできない。強さの加減と曲がり具合の両面からコース全体を考えてイメージしなければならない

2

用具の選び方

グラウンド・ゴルフの用具も誕生当時と比べると、機能面・デザイン・材質など大きく進化してきています。用具の選び方のポイントとして次のようなことがあげられます。

誕生当時の用具

誕生当時のクラブ、ボール、ホールポスト

現在の用具

現在の用具は改良が重ねられ、進化している。見た目にもおしゃれ感が出ている

1 クラブの選び方

1 グリップがしっかり握れて、滑らない波形グリップがよいでしょう。

2 コースや雨天時など、ボールが転びにくいときでも対応できる細くてしなるシャフトで、ボールの転び距離が出るクラブがよいでしょう。

グリップは、波形がおすすめ。しっかり握れて、滑らないという利点がある

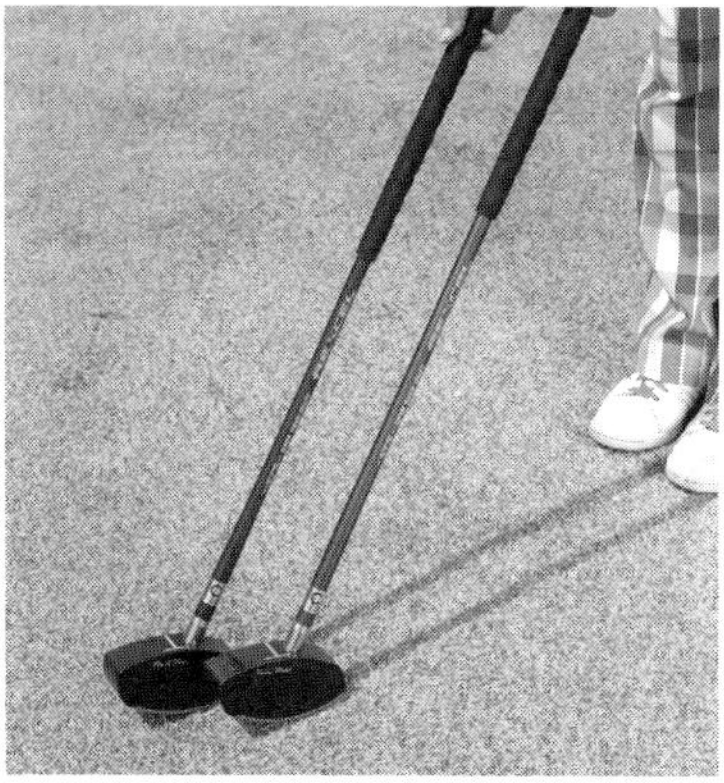

シャフトもいろいろある。細くてしなるシャフトのほうがボールの転び距離が出る

3 クラブヘッドの芯（スイートスポット）を示すマークラインが、アドレスしたときに見やすいクラブがよいでしょう。

4 クラブ全体の長さは、メーカーによって長さの種類は違いますが、自分の身長に合った長さを選択すればよいでしょう。一般的には85㎝前後のクラブがよく使われています。長さについては、個人によってグリップが違ったり、場面によってクラブを長く使ったり短く持ったりしますから、こうだと限定してのアドバイスは避けたほうがよいでしょう。自分で長さを選ぶことがいちばんです。

5 クラブはデザインや色もさまざまあり、自分の気に入ったクラブを選ぶことができます。

クラブの長さはいろいろある。自分の身長に合った長さを選択する

私のお気に入りのクラブ。細めのシャフトでグリップは波形にしている

クラブはしなる

細いシャフトのクラブは、インパクトの瞬間（ボールを弾く瞬間）にきれいにしなり、ボールに勢いをプラスして、転び距離を出す

2 ボールの選び方

ボールも反発がややよいものができており、自分の筋力などに合わせて使用すればよいでしょう。色もさまざまあり、お気に入りのボールを使用してください。

ボールは破損や紛失などの対応のために、予備のものを準備しておくほうがよいでしょう。

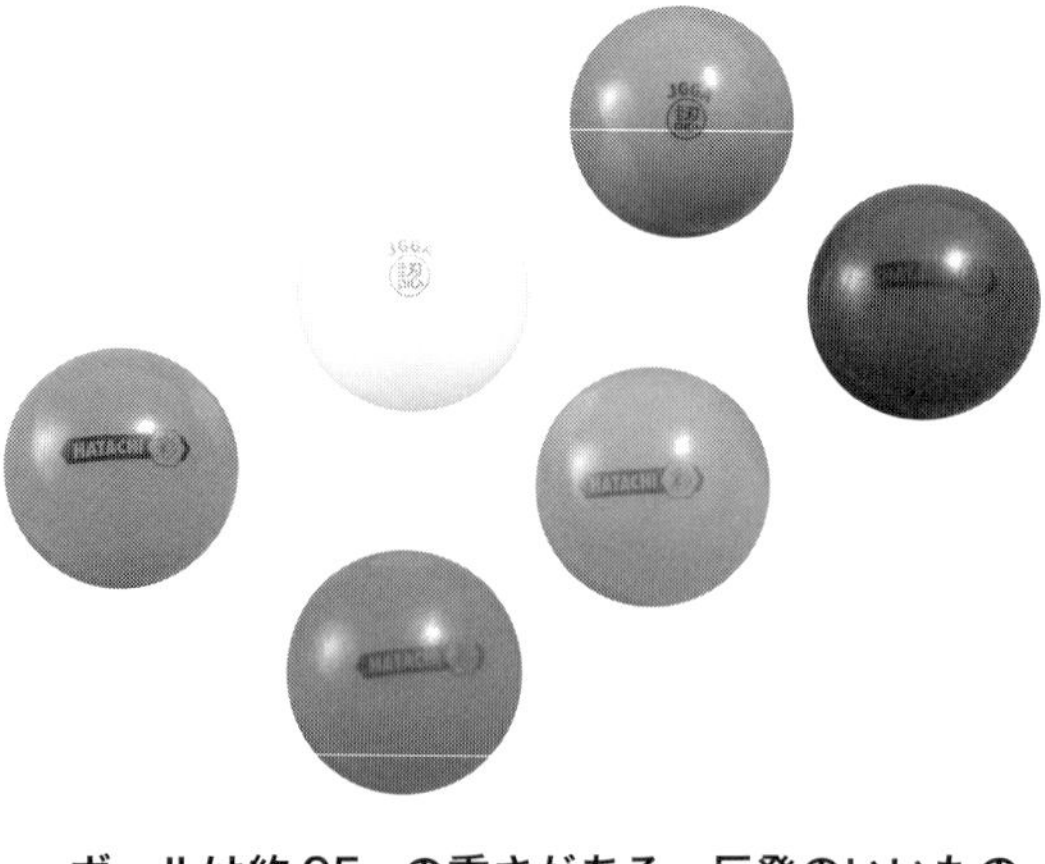

ボールは約95gの重さがある。反発のいいもの
反発がやや控えめなものと、種類は豊富だ

3

事前の準備ができていれば余裕が持てる

グラウンド・ゴルフに限らず、すべてのスポーツで事前に用具やウエアを準備しておくことは重要なことです。朝、あわてて準備して出ると、必ずといっていいほど忘れ物をします。そうすると、どう対応しようかとバタバタしてしまいますから、精神面の安定を欠きプレーに大きく影響するのです。

１つの方法として、プレー当日の前日、まずプレーに必要な物から準備していきます。クラブ、ボール、マーカーの順に、プレーをイメージしながら用意します。そして、明日の天候をチェックし、雨や寒さ、暑さなどに応じて、ウエア、シューズ、飲み物などを準備しておきます。特に考えておかなければならないことは、熱中症対策としての飲み物、汗をかいたときどう処理するか、寒さ対策など、健康面での対応準備です。

大切なのはここからです。人間は忘れる動物だとも言われており、完全だと自分が思っていても、意外と必要な物を忘れているのです。その対策として、手帳などに準備した物やその日の天候、日帰りか宿泊かなどを記録しておき、それを参考にしながら準備をしていきます。そして、さらにその記録をもとにして、さまざまなパターンでの準備物をデータ化し整理しておくと、忘れ物がなくなるのです。

なぜそのようなことをする必要があるかと言いますと、繰り返すようですが、安定した精神状態でプレーするためには、忘れ物を取りに帰るなどによる時間的なロスや、あわてたために起きる交通事故などのトラブル回避です。

遅刻すれば仲間に迷惑をかけるし、会場への到着時間が遅れると、コースの状況をチェックする時間もなくなり、大変不利なスタートとなります。今日のコース状況は、どの程度のショットやパットの強さで、ボールがこれくらい転ぶだろうといった、ショットやパットの強さと振り幅の調整もできなくなってしまいます。それまでせっかく練習してきたことが、台無しになってしまうのです。

1 アドバイス

準備物点検リスト標準モデル

◎グラウンド・ゴルフ用具

・クラブ　・ボール（最低2個）　・マーカー

◎服装（季節や個人差により違いがあります）

・ウエア上下　・着替え用ウエア　・ウインドブレーカー（天候により準備）

・靴下　・帽子（天候により選択）

◎シューズ

・愛用シューズ（天候により選択）

◎参加申込書控え

◎一般的な準備物

・お金　・タオル　・携帯電話

・雨具（天候による。宿泊の場合は雨天対策用具が必要）

※　標準的な準備物ですので、自分に必要な準備物リストをつくっておきましょう。

4 マナーやルールを守るプレーヤーは魅力的

グラウンド・ゴルフのプレーヤーは、技術的にうまいことも大切ですが、それとともに自分に厳しく絶えずマナーやルールを守り、同伴プレーヤーと相和しプレーができることも非常に重要なことです。

グラウンド・ゴルフは、個人プレーを基本としていますが、必ず同伴プレーヤーがいます。誰しも楽しくよい雰囲気の中で、お互いにプレーしたいと思っているのです。

しかし、マナーやルールを守らない、自分のことしか考えていないプレーヤーと一緒にプレーしなければならなくなったら、グラウンド・ゴルフを楽しみたいと思っていた同伴プレーヤーは、絶えず嫌な気持ちでプレーしなければなりません。

仲間から尊敬されるようなプレーヤーを目指すのは、とても大切なことです。このような人は、技術も上達し、仲間からも素敵な人だと思われているはずですから、自分もあのようなプレーヤーになりたいと願うことでしょう。技術向上とマナーやルールを守ることは遊離したことではなく、ともに大切にしたいものです。

マナーやルールを守って、仲間から尊敬されるプレーヤーを目指そう。技術の向上はマナーやルールを守ることとは一体で、遊離したものであってはいけない

5

自分のプレーをチェックし上達に活用

日頃の自分のプレーを思い浮かべてチェックしてみましょう。

グリップのチェック	↑はい　いいえ↓				
1 自分に合ったグリップができている	5	4	3	2	1
2 クラブを手のひらで広く握っている	5	4	3	2	1
3 グリップを親指、薬指、小指で固定している	5	4	3	2	1
アドレスのチェック					
4 肩と腕が五角形と三角形の中間を描くような形でリラックスしてクラブを握っている	5	4	3	2	1
5 両足に、体重を均等にかけ、ドシッと安定したアドレスになっている	5	4	3	2	1

6	ボールの位置は、身体の中心より打つ方向へ置いている	5	4	3	2	1
7	アドレス時に力んで肩や腕に力が入っていない	5	4	3	2	1
ショットのチェック						
8	ショットしたときにボールがホールポストに対して左右にそれることはない	5	4	3	2	1
9	ショットしたときにボールがほぼ狙った方向へ直進する	5	4	3	2	1
10	50ｍのショットをしたときにボールをホールポストにかなりの確率で寄せることができる	5	4	3	2	1
11	ショットの距離で、スタンスやクラブの振り幅を調整している	5	4	3	2	1
パットのチェック						
12	パットする場合、クラブヘッドを地面と並行にまっすぐ後ろへテークバックしている	5	4	3	2	1

13	パットは、ほぼホールポストへ寄せることができる	5	4	3	2	1
14	第2打目のパットは、ほとんどホールイン「トマリ」することができる	5	4	3	2	1
15	パットの距離で、スタンスやクラブの振り幅を調整している	5	4	3	2	1

イメージのチェック

16	ホールポストを見て自分なりに残り距離をイメージしている	5	4	3	2	1
17	ホールポストだけでなく周辺の状況も見て打つコースをイメージしている	5	4	3	2	1
18	ショット、パットのどちらで打つのかを決め、クラブの振り幅とインパクトの強さをイメージしている	5	4	3	2	1
19	アドレス、テークバックからインパクト、フォロースルーまでのイメージを繰り返ししている	5	4	3	2	1

エチケット・マナーのチェック

20	ルールやＱ＆Ａはよく理解している	5	4	3	2	1
21	ルールやＱ＆Ａを尊重し守っている	5	4	3	2	1
22	微妙な判断の時、同伴プレーヤーの同意を求めている	5	4	3	2	1
23	遅刻するなど、仲間や同伴プレーヤーに迷惑をかけていない	5	4	3	2	1
24	仲間や同伴プレーヤーが嫌がるような言動をしていない	5	4	3	2	1
25	その場にふさわしい服装でプレーするよう心がけている	5	4	3	2	1

＊最高点は125点になりますが、できるだけ高い点になるように努めましょう。100点に達したら、チェックは行き届いているという目安にしてください。

Profile　朝井正教（あさい・まさのり）

鳥取県出身。鳥取県の中学校・小学校の教員として勤務する。その間、1981 年から 3 年間、泊村教育委員会に社会教育主事として県から派遣されグラウンド・ゴルフの考案に携わる。1982 年 7 月 1 日から 21 年間、公益社団法人 日本グラウンド・ゴルフ協会ルール等委員会委員を務める。

1990 年 4 月 1 日から鳥取県教育委員会事務局に 14 年間勤務、その間、体育保健課指導主事、生涯学習センター係長、生涯学習課係長、生涯学習課長、中部教育事務所長を務める。2004 年 4 月 1 日から 2012 年 3 月 31 日まで鳥取県の公立中学校長を務める。その後、（株）朝井を設立。室内でも屋外と同じ距離感覚でプレーできるグラウンド・ゴルフ用具、安心安全な介護福祉スポーツ用具の普及に努めている。

【おもな功績と役職歴】

1984 年	鳥取県泊村長から感謝状受賞
1988 年	鳥取県中学校体育連盟理事長、中国中学校体育連盟理事長、日本中学校体育連盟評議員、平成元年度全国中学校選抜体育大会開催時の中国地区および鳥取県の理事長を務める
1989 年	（財）日本中学校体育連盟会長から感謝状受賞
1991 年	鳥取県中学校体育連盟会長から感謝状受賞
1993 年	日本グラウンド・ゴルフ協会長から表彰状受賞
2003 年	公益社団法人 日本グラウンド・ゴルフ協会長から表彰状受賞
2004 年	倉吉税務署長表彰受賞
2006 年	鳥取県教育審議会委員
2010 年	鳥取県中学校校長会長、全日本中学校校長会理事
2011 年	文部科学大臣表彰（教育者表彰）受賞

学《まな》んでおきたい！ グラウンド・ゴルフ 上達編《じょうたつへん》

2014 年　6 月 20 日　第 1 版第 1 刷発行
2021 年　3 月 31 日　第 1 版第 6 刷発行

著　者　朝《あさ》井《い》正教《まさのり》
発行者　池田哲雄

発行所　株式会社ベースボール・マガジン社
〒103-8482　東京都中央区日本橋浜町 2-61-9 TIE 浜町ビル
電話　03-5643-3930（販売部）　03-5643-3885（出版部）
振替口座　00180-6-46620
http://www.bbm-japan.com/

印刷・製本　共同印刷株式会社

ISBN978-4-583-10680-9　C2075